sandsbook
散冊

黃豪平的
諧槓生存學

黃豪平——著

不只是喜劇演員

Not Just A Clown

目次

——第二部 站穩腳跟別摔倒，接著，開始跳舞？

——第三部

表演的種子落在土裡，長出了思考的芽

推薦序——

風起雲湧後的雲淡風輕

惠文高中圖書館主任／作家　蔡淇華

「你真的不需要白板提示？」

「不需要喔。」

兩年前和黃豪平合作錄製「學習歷程檔案」的線上課程。稿子非常長，知道自己一定背不起來，所以我請副導寫白板提示，但是豪平只是雲淡風輕表示「我試著背看看」。他真的卯起來背，而且用心轉化為自己的語言。

然後，一開機，他竟然講得比我還順。

休息時看到豪平帶來國中、高中時的學習歷程檔案，更是嘖嘖稱奇！原來豪平從國小、國中、到師大附中，念的都是數理資優班。大學和研究所都在政大完成，還甄選到日本當交換學生，不僅日文考到N2，多益也考了九百多分。

錄完影，我對這個喜劇演員肅然起敬！覺得黃豪平是一個被大眾低估的藝人。以他的學識與態度，不管走學界或商界，都一定是一等一的高手，但他就是不想放棄自己的天分，想做更有趣的事業，毅然決然走向「演藝」，這一條父親視為「不穩定」的道路。

去年邀請豪平擔任「中臺灣文創營」的講者，當學員問到：「被網路酸民霸凌的時候，你如何回應？」他竟然口才便給，馬上用尼采的名言回答：「當你凝視深淵，深淵也在凝視你。」他提醒學員：「不要專注在負面的能量上，因為快樂是抽象的，很難追求得到；但痛苦卻是那麼具體，所以我們應該先處理痛苦。」然後馬上又補充叔本華的另一句話：「愚笨的人追求快樂，智慧的人避開痛苦。」

豪平補充：「當有人霸凌你，當有酸民攻擊你，瞬間的痛苦，是那麼具體，所以要當個有智慧的人，就是不要放大它，要馬上避開它，而且要想辦法讓自己變強，日後才可以取得話語權，不再害怕攻擊。」

豪平真的用盡一切努力讓自己變強。
學員問他：「你都用什麼時間學習？」
他很直爽回答：「在不紅的時候學習。」
真的，這兩年來，不停止學習的豪平越來越紅了。他成了一線主持人、舞台劇主角、金鐘紅毯主持被讚爆，連主持的 Podcast，都有四百萬的流量。
我對這一個「學霸藝人」有太多的好奇！很榮幸受邀為豪平新書寫序，看完書稿，不僅一解我所有的好奇，更想對豪平說一句：「請受我一拜。」
因為，文筆太好了，理論太強了。他如果想當專職作家，絕對可以完敗我；如果想當學者，很多教授都沒得混。你看，以下是書中豪平對喜劇的論述：
「喜劇是推倒高牆的突破口。」
「喜劇的來源，是抓出發生在我們身上的悲劇最荒謬的核心，然後把這個核心指出來，擊潰它。」
「喜劇一定建立在冒犯之上。有人笑了，那一定是有人被傷害了。因為所有的笑話都建築在某個人經歷的創傷。哪怕是自嘲，也不脫這個準則，因為自嘲的表演者也是受傷的那一個人。」

「自嘲其實是偷懶的幽默，因為它安全。自嘲的喜劇演員在自嘲的保護傘下，比較不會讓自己惹上什麼麻煩。」

「嘲弄自身以外的事物，並非那麼簡單，需要高超的技術，才能準確地切入，讓觀眾覺得你吐槽得有理。讓受傷的人能夠走出悲劇，並跟著你一起哈哈大笑。」

「做個嚴肅的小丑，認真指出世界的荒謬，別被這個世界給磨得毫無稜角。」

「認真面對自己跟這個世界之間存在的衝突，那才是喜劇金礦源源不絕的祕密。」

太多閃閃發光的金句，都盡在這一本好書當中。讀完後才了解，原來黃豪平演出時的雲淡風輕，背後有風起雲湧的奮鬥故事。邀請朋友們一起閱讀這本好書。相信我，一翻開，你就風馳雲走，停不下來，而且也一定會和我一樣，愛上黃豪平，並期待他之後所有的文字。

推薦序——

天堂裡是沒有幽默的

暢銷心理學作家／Podcast 主持人　劉軒

剛受邀為此書寫推薦序時，我首先感到錯愕：「豪平幹嘛找我？我一點都不好笑啊！」

不過豪平一直是我很欣賞的藝人，雖然偶爾才會見到一次，但每次都明顯感受到他的進化。最近一次是在新竹 Episode Hotel 的開幕派對，黃豪平是主持人，見到他穩健的台風，對氣氛收放自如的掌控，當時我就聽到背後某人跟旁邊的朋友說：「他應該就是下一個黃子佼。」

嗯，我覺得直接與佼哥相較可能會讓豪平汗顏，但我覺得從敬業度、口條、反應速度和「言之有物」等各個方面，黃豪平還真的是最有「佼爺接班人」潛力的新星。

但後來看這本書才知道……

原來他跟陳漢典是同一屆的啊！啥？我還以為他是新人呢！

好啦，我承認自己真的對臺灣的演藝圈沒有很follow，不過無論在哪裡，演藝圈處處都是尚未浮上水面的冰山，默默在台下練功，戰戰兢兢地對待每個機會。所以往往當我們見到他們時早就身經百戰，那燦爛的表面下，其實藏著一條條挫折的傷疤。

馬雲、馬斯克和馬克吐溫，這網路金句的「三馬」之中，後者就曾經說過：「幽默的源頭不是快樂而是悲傷。」他甚至還補上一句：「天堂裡是沒有幽默的。」

想必馬克吐溫當天心情不是很好，但其實喜劇演員都知道：喜劇，絕對不只是要心情好而已。

一個成功的喜劇演員，要比任何人都更認真、更嚴肅地看待喜劇這件事，甚至可以說，一個敬業的喜劇演員，應該要更認真的看待人生，看出現實背後的憂傷、憂傷背後的希望、希望背後的真相、又再從真相出發，將其化為荒謬、化為笑話。

豪平在這本書所展現出的，讓我看到了這種認真。除了那份自我揭露的勇氣，毫不掩飾地分享內心與外在世界的糾結，我也看到了他對每一刻的強烈感受。只有強烈地感受人生，才能記得那麼多細節，也就是這些細節，讓他的每一個故事都無比精采。

而讓我特別難忘的一幕，是當他描述前任曾經對他持續追夢的鼓勵，一句「那一刻，發光的你」，絕對是每個追夢者都能深刻體會的感動！

在讀這本書之前，我從沒想過，喜劇竟也可以是如此熱血的夢想，更可以是一個偉大的信念。因為豪平深信，幽默不僅能啟發人心，更有推倒高牆的力量。如他所說，這本書並不是要教你如何變成一位好笑的人或是一位喜劇演員，而是要帶你透過一位喜劇演員的視角來看這世界。

你會發現，所有談笑風生的背後，其實是經過了多少磨練和艱難；你也會發現，再怎麼糟糕的處境，都可能有找到讓人噗嗤一笑的荒謬，而就從那一笑，我們一同有了面對真實的勇氣。

我現在也終於懂了，為什麼他會邀請我來寫這個推薦序。
也為此，我深感榮幸。

推薦序——

每個人都有屬於自己的舞台

長樂國小教師　**沈雅琪**（神老師&神媽咪）

之前跟兒子討論未來，他說不知道自己要做什麼，不知道對什麼有興趣，不知道未來能做什麼工作。

我告訴他：「其實我以前也是。從小平庸、成績普通，沒有什麼專長和才藝，對未來有很多茫然，不像三個姐姐成績優異，也不像妹妹從小就有很多才華，唱歌、演戲都難不倒她，更不像弟弟一樣，頭腦和反應靈敏到能當電競國手。」

那時我也是自問：我到底會什麼？我能做什麼？

於是我選擇在不知道未來的時候，先把正在做的事情做好，不知道自己的目標時，只能一邊走、一邊看。考上師院幼教系後，看到基隆每年只有兩個公幼教師名額，這對很不會考試的我來說，前途渺茫。為此我又去加修了國小學程，畢業時我一共修了兩百個學分，拿了兩張教師證。

我認為，有底氣才能有選擇。所以我很佩服像黃豪平這樣，知道自己想做什麼的人。他擁有目標，不斷加強自己的能力，並努力往夢想前進。能一直為自己喜歡的事情努力，是多麼幸福的一件事。

過去總以為綜藝節目或是脫口秀，就是幾個人在台上嘻嘻笑笑，但是看了《不只是喜劇演員》這本書才知道，一個在台上讓觀眾笑到流淚的演員，在被人看見之前需要有多少努力、經歷多少挫折，在笑著鬧著的背後，是多少的淚水。

我也曾經受邀上談話節目，被主持人點名回答時手腳發軟，回答完腦袋一片空白。上了幾次節目後，我很清楚知道自己不適合、也不喜歡站在螢光幕前。但是黃豪平卻像是天生就該站在舞台上，他反應機智、幽默風趣，讓人對他的表演目不轉睛。

一個喜劇演員要幽默卻不低級，要風趣又言之有物。要達到這些條件，我想除了天生的個人魅力，還有很多的經驗磨練，以及上台之前的許多準備。看完這本書，我對喜劇演員完全改觀，謝謝他們這麼努力的讓這個世界變得有趣，讓人在忙碌的工作之餘，能夠因為他們的表演開懷大笑，忘卻一切煩憂。

豪平在書上寫道：「對於那些離去的、傷害你的人事物，就不要再執著，重視眼前真正珍惜你的人，才是對他們真正的公平。」這本書裡有好多段落，都讓我曾經受過的傷，得到很多的安慰和轉念。

站在螢光幕前，不只享受掌聲還要接受噓聲，被這些不同的聲音淹沒，最後還能屹立不搖、不被噓下台的，是那個懂得生存的人。

這是一本很棒的人生故事，它沒有教我如何成為喜劇演員，而是告訴我專注努力在夢想，有一天終會站上屬於自己的舞台。

第一部

一隻腳踏入演藝圈，該走該留？

一開始，只是因為好玩

西裝筆挺的我端著咖啡杯，站在辦公室擦得晶亮的落地玻璃窗前，望著大樓底下熙來攘往的男男女女，若有所思。祕書敲敲門，提醒我開會的時間到了，我喝了一口拿鐵，放下咖啡杯，逕自走出了辦公室。

腳下的名牌皮鞋踩過柔軟的地毯，身旁的人們看到我，紛紛點頭、鞠躬，對我畢恭畢敬——在這間寬敞、氣派的企業裡，我就是王者，所有人都要對我俯首稱臣——我走近用斗大燙金字體寫著「會議室」的玻璃門，突然，在門上瞥見自己的倒影。

……等一下，為什麼這畫風完全不對？

我甩甩頭，打個冷顫，回到現實。

一個狹小的工作室裡，被錄音器材、古物收藏、公仔玩具圍繞著的我，正對著電腦鍵盤敲下這幾個字——這個現實，反而看起來更不現實。

剛剛所描述的那幅畫面、那些人，本來應該是我現在的樣子，而我，卻因為各種意外，走向了截然不同的未來。

「那個黃豪平」，對現在的我來說，根本是個荒謬的笑話。

不被學歷耽誤的諧星？

「你明明是讀商的，怎麼會走演藝圈？」

「你明明可以好好找個工作，為什麼做諧星？」

「為什麼會走上這條路？」

擁有政治大學商學院畢業的學歷，對大多數人來說可能是個光環，但對我來說，根本是一個掛在身後的超大型問號氣球，讓每個看見這個學歷的人——從校園演講的聽眾、前來採訪的記者、節目上的主持人到看我長大的親友——都忍不住想質疑我現在的選擇；甚至偶爾，我在自己的腦海中也會質疑自己：**你幹嘛走這條路？**

你這樣一個害怕風險、恐懼變動的人，怎麼偏偏選了一條外人看來最不穩定的路？你明明可以跟其他政治大學商學院畢業的同學一樣，找個穩定的上班族工作一路到底，為什麼轉了個彎，做了「諧星」？

很簡單：**因為「好玩」**。

一切的開始，都只是因為好玩。

別想把統一格式套用在我頭上

高中時的我，覺得什麼課外的活動都很好玩，因此在學校也熱衷參與各種公開演出，舉凡辯論比賽、演講比賽都搶先報名。記得高二時我參加校內演講比賽，那時候的賽制是現場即席抽選題目，當場針對抽到的題目自由發揮，照理說應該要因為即興而活潑、充滿個人特色才對，但許多同學的呈現，都仍然依循著「統一格式」——沒錯，就是那種怪腔怪調、特意強調字正腔圓跟詭異動作的演講，不只行動規格一致，連開場白都相差不遠：

「各位老師、同學，我是×××，今天我要演講的題目是，我的夢想，我的夢想，（意味不明地重複兩次）夢想啊！夢想啊！你們還記得自己的夢想嗎？（瞪大眼睛、擺動雙手）」

……聽起來讓人渾身不舒服。

當我堅持用正常口吻完成演講之後，我得到了那一屆的第二名，而第一名的演說方式，恰好就是我最不屑的「怪腔怪調」。

「黃同學，你的表現不錯，但演講比賽有它傳統的格式，我們還是覺得應該要多鼓勵第一名同學的表現形式。」

賽後，我特別去請教我所認識的評審老師，想知道自己有哪些需要改進的地方，得到了這樣的答案——但，為什麼學校的演講比賽，必須是那種正常人都不會用的口氣才會得獎？TED影片中那種充滿自信的呈現，賈伯斯發表新產品時的那種霸氣，為什麼不能是我們追求的目標？

從那之後我再也沒參加過學校的演講比賽，因為，不好玩。

既然如此，什麼才好玩呢？

那時有個風靡全臺灣的模仿綜藝節目《全民亂講》，憑藉著詼諧的政治諷刺和維妙維肖的模仿技藝，加上每天緊跟時事的直播演出，成為最當紅的晚間節目之一。節目在改名《全民大悶鍋》後，許多跳脫政論節目框架的娛樂小單元，像是「阿洪之聲」、「張國治人市分析師」、「施主席的轟趴」也在網路上瘋傳，當然，還只是學生的我也是忠實觀眾之一，我每天晚上九點準時打開電視，看著各種獵奇的角色鬥嘴，撇開當時還一知半解的政治不說，我覺得那個節目，非常好玩。

很巧，「模仿」也是我在附中讀書時很愛研究的奇特技能——師大附中曾有一位陳教官，聲音略為沙啞，但每次用那沙啞嗓音喊人的時候，又是中氣十足，獨特的聲音辨識度讓人遠遠就可以聽出是陳教官來了；擁有獨特嗓音的他，成為我最喜歡模仿的對象，甚至下課空檔，同學在走廊上打鬧的時候，我會模仿教官的聲音大吼「同學！幹什麼！」，還能把其他人嚇得瞬間愣住。所幸教官本人並不介意被模仿，有時候經過聽見我的模仿，還會搔搔頭說：「我真的有這樣講話？」

除了教官以外，模仿各科老師的獨特嗓音，也成了我練習聲音變化的入門創作：觀察他們的音色、動作，甚至輔以口頭禪，融會貫通練成組合技之後，再找到適當的時機表現出來，總是能把大家逗得哈哈大笑，自己也很有成就感。

玩著玩著上了電視，卻只是一場夢？

就在這個時候，我人生的重大轉捩點出現了！

由《全民大悶鍋》舉辦的「悶鍋模王選秀賽」開始對外宣傳，廣招「喜歡模仿的人」將自己的影片傳給製作單位，標榜贏家可以進棚錄影，還有高額獎金……「喜歡模仿的人」？擺明了是衝著我來啊！這個比賽我參加定了！

但是，要模仿誰呢？學校老師、教官這些自己小小生活圈裡的人，自然是不可能引起製作單位注意的，我畫不出什麼誇張的妝容，也沒有特別令人印象深刻的滑稽外表，不會跳舞又不會唱歌，那什麼角色才可以呈現我的優勢呢？

這時我想到，洪都拉斯模仿的「ＹＡ教授」好像是個不錯的選擇：這個角色幾乎總是站著不動，也不需要複雜的妝容，模仿重點都在各種奇特押韻的巧妙文本，對我來說是個有利的模仿對象！於是我用家裡簡陋的相機，在自己的房間錄影（因為怕爸媽聽到，還刻意壓低了聲音），就這麼完成了改變我一生的影片，並寄到了電視台。

影片登上了《全民大悶鍋》的官方網站，接受所有網友們的投票。本來不敢抱持期待的我，竟然跟著其他十一位參賽者一起通過了海選，進入第二階段「進棚錄影」，記得那時候收到中天電視台艾蜜莉小姐來信通知時，還一度覺得不可置信：

我真的要上電視了？

一切就像夢，卻又不是夢，我進入了平常只能透過電視觀看的節目後台，在化妝師的巧手下，變成了小一號的「ＹＡ教授」，拍攝了一支我另外創作的模仿短片。最後，十二位參賽者的影片都在電視上播出，中天電視台還舉辦了盛大的頒獎典禮，由王偉忠及其他平常只能在電視螢幕上看到的悶鍋藝人揭曉獎項，冠軍將會獲得五萬元獎金，並跟《全民大悶鍋》簽約變成合作藝人……坦白講，坐在台下，聽著輝哥許傑輝揭曉得獎名單的前一刻，我正認真思考：如果真的成為藝人，我會過著什麼樣的人生？我會拍電影嗎？我會登上各大電視台嗎？

各種高中生對於娛樂產業的瘋狂幻想，在我的小腦袋中瘋狂碰撞，誕生許多不切實際的夢，讓我的心跳瞬間加劇——不過，在輝哥揭曉了「潛力獎，黃豪平」及「冠軍，陳漢典」的結果之後，所有的怦然都煙消雲散。

我忘記了當時的細節，只記得我在恍惚間登上舞台，頒獎給我的，是我所模仿的角色「ＹＡ教授」的原始詮釋者洪都拉斯，他私下小聲問我：「本都是你自己寫的嗎？」

「是啊，都是我自己寫的。」還沒從落敗的小小失落中恢復過來的我，這樣回答。

「偉忠哥很喜歡，他說你還是高中生，就可以寫這些東西，說一定要讓你得獎，你要繼續加油喔！」洪哥笑著拍拍我的肩膀。

心裡某些化成灰的餘燼，似乎因為這幾句鼓勵，而再度復燃了。我帶著獎牌，飄飄然地回到了家，也回到了我那個與影視娛樂產業幾乎是平行世界的高中生活。

也許是短暫嘗過鎂光燈前目眩神迷滋味，我就此對麥克風念念不忘，偶爾留意網路上各種電視通告、比賽、試鏡的資訊，只是夢想著有一天能再登上舞台，想遠離那些看似「平淡」的生活……

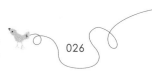

你知道你已經走了這麼久嗎？

一晃十餘年，《全民大悶鍋》早已收播。前些日子，原班人馬在偉忠哥的帶領下，製作了《悶鍋出任務》舞台劇，在臺北城市舞台演出；那時，已經歷十年演藝圈載浮載沉的我，好像早已忘記了當年那個只因為可以進棚拍攝小短片，就興奮到不行的自己——直到開演，我在位置上，看見那些當初在《全民亂講》、《全民大悶鍋》活躍的藝人前輩們一個一個粉墨登場，用熟悉的妝容呈現經典單元，旁邊的觀眾看著都大笑，我，竟開始大哭！

眼淚浸濕口罩，我想到這一切的起頭，這十年藝界浮沉的起點，不就是這裡嗎？一股說不上感動，但卻極為強烈的情緒，突然止不住地傾洩出來……彷彿當年那個沒有被念出冠軍、曾經幻想著大紅大紫的高中小男生，藉由這群人短暫創造出的時光隧道，從十數年前的「悶鍋模王選秀賽」穿越到現在，用力搖著我的肩膀呼喊著：「欸欸欸，你還記得我嗎？」

劇場謝幕後，我特別到後台，跟參與的演員前輩們恭喜演出成功，結果又哭了一大把，把偉忠哥和大家都嚇得不知所措。我想可能沒有人懂為什麼我會哭吧？連我自己都說不出個所以然，那股情緒不是悲傷，也不是高興，如今想起，更像是一個旅人在經歷長途跋涉後，突然被某個人提醒：**「你知道你已經走了這麼久嗎？」**

而累積在心裡的一股壓力，像是因為這一句輕描淡寫的話而找到縫隙，自由地傾瀉釋放。

畢竟，這條路就這樣走了好久好久，每天都忙著創造新段子、新節目，幾乎不曾靜下心思考，這一路都經歷了些什麼，而最初又是為什麼踏上這個旅程。

在《悶鍋出任務》的後台，我想起的是在這一切開始之前，在「悶鍋模王選秀賽」頒獎揭曉前，幾位入圍選手在休息室裡的畫面：我們討論著彼此的背景，當時也還只是個大學生的陳漢典，說自己一邊讀書、一邊在家具行打工，其他人也都有著各自平凡的生活，不是上班族就是化妝師，而我甚至只是一個高中生……但在這些之外，聊到為什麼參加那場比賽，大家的回答都是：「好玩」。

好玩，這個看似不登大雅之堂的理由，卻玩出了一個登上各大節目舞台的「最強綠葉」陳漢典，也玩出了一個不甘於平凡的黃豪平。

是什麼樣的「好玩」，能驅使我在這個旅程一走便走了十年？甚至支撐著我，去度過這旅程中必然得面對的更多「不好玩」？

如果一開始，只是因為好玩，那麼我想，是時候回頭去重新看看這一路上的好玩與不好玩了，或許，我能從中找到一些類似「初衷」的殘片，更或許，我現在所面臨的困惑，也能因此得到釋放。

被自己定義的「沒出息」

我演藝生涯的起頭，可能是在國小時的某天下午：爸爸在書桌前辦公，我則坐在一旁的椅子上，目不轉睛地看著小台電視上某個綜藝節目裡的明星談笑風生、載歌載舞。可能是被螢幕裡五光十色的場景迷惑了，突然間，我不知道哪根筋不對，指著電視裡的藝人，跟爸爸大聲說：「爸，我以後長大也要當藝人、當明星！」

爸爸頭也沒抬，笑著說：「別開玩笑啦。」

「不是開玩笑，我想當明星！」我傻笑著，邊看邊說。

「不要講這種話。」爸爸的語氣突然嚴厲起來。

「可是我真的想當大明T——」

「啪！」

話都沒說完，一個巴掌硬是搧上我的臉頰，火辣的觸感比錯愕更快衝上腦門，連哭的情緒都還來不及反應。

「說什麼傻話！」爸爸開始正色，看著我怒罵。**「當什麼藝人，沒出息！」**

我不記得當時看著的是什麼綜藝節目，也不記得那時候的確切年紀，甚至不記得那時我有沒有哭。但在我的記憶中，那個場景跟巴掌的刺痛感，十分鮮明地被保留了下來，一直藏在我腦海，未曾散去。（在這邊要誠摯告訴所有爸爸媽媽，真的不要打小孩，他們都記得。）

我再也沒跟爸爸說過任何明星夢，那也是漫長的為人子過程中，極少數被打的一巴掌。

這種東西玩玩就好

我成長的家庭，是個說傳統不傳統、說前衛也沒多前衛的普通小康之家，爸爸長年在金融機構服務，媽媽是個家庭主婦，大我十二歲的姊姊早早結了婚後便離家生活——我們不愁吃穿，但也不致有奢侈的本錢，毋須擔心生活起居的我們，並沒有太多驚濤駭浪的成長過程。這一切的平淡無奇，在我剛上小學時有了一點改變：某個早上，班導黃老師把我叫去，問我要不要考數理資優班？她說，從我平常的表現，覺得我有機會考上。

試試看吧？家人沒有太多反對，我去考了埔墘國小的數理資優班，考上後在小二轉學，畢業後又在同學媽媽的集體慫恿下，考上了江翠國中的數理資優班，然後再度於國中畢業時，跟著同學一起去考了師大附中的科學教育班……在一般人眼裡，這條路一直走下去，不是中研院就是科技產業，是條未來設定清晰的康莊大道，雖然不至於大富大貴，但絕對是家長們心中穩妥的路線。

那其實也意味著，在這路線之外的任何嘗試，都不會被鼓勵。

師大附中有個每年都會舉辦的傳統，就是「畢業舞會」，自訂主題的舞會加上各種華麗的裝飾，往往是各大高中名校之間的話題，也因為有時會得到媒體關注，每年都會在舞會行政體系中，額外徵選能言善道的同學擔任「記者招待組」，負責接待媒體、傳達公關訊息——沒錯，對各種特殊機會從不放過的我，一看到徵選訊息寫「你想要學習如何面對媒體嗎？」「口才過人的你沒有表現的舞台嗎？」，就興奮不已地參加了。

還記得當時帶著我們的組長，是如今在舞台上也獨當一面的歌手——蔡旻佑。

當天，完成畢業舞會的記者招待任務後，已經是晚上九點多了，我爸騎車來學校載我回家，在路上我天花亂墜地說著畢業舞會的各種華麗設計、眾人隨著音樂起舞的夢幻場面，也自豪地說著自己怎麼樣面對媒體時，前座的爸爸冷冷地回應：「這種東西，玩玩就好，你不要認真。」

我一直不知道，爸爸對影視產業有什麼樣的理解？但從小到大所觀察到的，爸爸所展現出來的態度，讓我很自然地再也不跟他提那些鎂光燈下發生的故事。

漸漸地，也許是為了避免衝突，連課業以外的生活，我都開始減少與爸媽交流，總之任何跟表演相關的機會，我都是偷偷來、偷偷演，被發現了就簡單帶過，也不多提什麼在舞台上得到的喜悅。

然而，停止溝通顯然不是讓誤解跟衝突消散的好方法。

高三，《商業周刊》當時舉行了一個商業行銷競賽，我和師大附中科教班的幾位同學一同報名，一路過關斬將，得到了去雲南參加晉級賽的資格。當然，未成年的我要到雲南參賽，必須先取得父母的許可，雖然平時我不會和他們分享太多自己的事，但我也覺得這種有公信力的機構所舉辦的海外比賽機會，爸媽應該也會樂觀其成吧。

「我贏了這個比賽，要去雲南參加晉級賽了！」我興高采烈地告訴他們這個消息。

「去什麼雲南？你不用考試了嗎？」

想不到，爸爸用一樣冷酷的語氣，拒絕了我要去雲南跟組員一起比賽的請求。

當時只是一個高中生的我，沒有父母的許可，根本就無法貿然前往；我不懂爸媽為什麼不贊同我參加這樣大規模的比賽？只能眼睜睜看著同學們搭上飛機、拿到名次，然後衣錦還鄉，享受著屬於他們自己的勝利。

偶像劇情節般的際遇

這令人匪夷所思的一連串拒絕並沒有停止。還有一次令我印象深刻的事件，是在大學的最後一年，那一年我的暑期實習工作是國際級知名品牌在電腦展攤位的介紹人員，負責將當時的最新產品推薦給經過的商務人士，我跟同學一起報名，錄取過後接受訓練，在展期間對著一個又一個經過的客戶介紹機器的功能與潛力。

某天下午，一位衣著整齊的中年大叔帶著一位看似祕書的人，在我們的攤位停下腳步，我則迅速移動到他們面前，說：「需要我為你介紹我們的產品嗎？」

「好啊，你介紹。」大叔沒有太多遲疑，點點頭、揮揮手示意我開始。

我發揮訓練時所學習到的知識，鉅細靡遺地介紹產品的功能與相關資訊，只見大叔不斷點頭，時而提出問題、時而露出深不可測的微笑，得到正面回饋的我心想，這大叔真的很喜歡這個產品，於是介紹得更賣力了。

當介紹結束，我的主管從我身後突然出現，然後對著那位大叔深深地鞠了個躬，大聲招呼：「總經理好！」

我嚇呆了，這是什麼皇上微服出巡的劇情？眼前這位竟然是那間電腦品牌的總經理！那是全臺前幾大的知名電腦公司，市占率高且赫赫有名。

這時我也才驚覺，原來剛才他提出所有的問題，都不是對產品的好奇，一句一句都是考題，全在試探這個攤位上的實習生是否充分熟悉產品。

「同學，你是本科系的嗎？」總經理問。

「我是國貿系的。」我有點不知所措地回應。

「你是商學院的？竟然能把我們的產品介紹得這麼好？」他有些驚訝，轉身對著自己的祕書說：「嘿，跟他留個資料，看有沒有機會來我們公司上班。」

整個故事進行到這邊，可以說是從嘉慶君遊臺灣的微服出巡軼事，變成了為黃石老人撿鞋進而得到大好機會的民間傳奇！我要去上班了？只因為我服務到這間大公司的總經理？

所有工讀生都很羡慕我的際遇，大家都笑著說：「黃豪平真的釣到大魚了。」那天回到家，我擔心對方只是客套，便迅速地寫了信給他的祕書，也得到了回應，聯繫到相關部門的主管，在幾封信件往返之後，便約了一週後會面。

「其實，我們公司是沒有在招實習生的……」坐在辦公室裡，與我面對面的主管這樣說。「但如果是總經理說你可以，那我們也許可以安排一下你上班的時間？你目前是在學生嗎？」

「是的，我週二週五沒課！」

「那我們就安排看看，從產品經理開始，讓你參與產品的開發與行銷，慢慢學，等到你畢業再正式加入我們公司，好嗎？」

對於一個還沒出社會的大學生來說，這個邀約根本就是美夢成真！「總經理親邀＋臺灣前幾名的電腦公司＋首位實習生＋為我量身打造上班時間」，還有什麼條件比這更吸引人？我完全就是偶像劇裡那種，不小心在路上救了差點被車子撞到的總裁，而得到大好機會的傻白甜，即將迎接屬於我的飛黃騰達！科技新貴之路就在前方不遠處！

就在我眼前一片閃亮的時刻，卻在分享給爸爸這個大好消息的時候，得到了冷冷的回應。

「那是什麼公司？你不知道你要考研究所嗎？你考研究所前跑去那邊打工，是不用準備考試了嗎？」

從前每一次遇上類似的情形，我都只能錯愕地接受，但這次我正式地爆氣了。

「爸，那間公司生產的電腦跟周邊商品，說不定你們銀行有一半以上的單位跟辦公室都在用，我是要去這樣規模的大公司做實習生，如果一路有機會爬上去的話，我根本不用多考什麼研究所，如果我考研究所的目的是為了有好的工作，那我現在不需要！」

我不知道爸爸是真的不清楚這間公司的規模有多大，還是純粹不希望我做讀書以外的事情，只知道那時候我的憤怒衝上腦門，對著爸媽厲聲說道：「是你們自己孤陋寡聞！」就此，不再跟他們提實習的事情。

原以為偶像劇般的情節，卻被澆了一大桶冷水。我只能安慰自己：或許，偶像劇情節原本就會包含「家長不同意」的部分。

後來，陰錯陽差之際，那間公司由於一樁國際商業糾紛，整間公司大亂，原先與我面談的主管對我說：「抱歉，我們公司現在正處於混亂的狀態，可能暫時無法有太複雜的人事異動，上班的事情我們先緩緩。」

我雖然失落，也只能默默接受，那時，我只覺得自己好像為了一件最後不會發生的事情跟家人白白大吵。自尊心很重的我，根本沒有辦法開口跟爸媽說「啊後來那間公司就沒找我了」，就只好回頭去默默地繼續準備，那個原本以為自己可以不用再準備的研究所考試。

先斬後奏的演藝圈契機

考上政大企研後的那個暑假，《超級模王大道》開播，廣招全臺會模仿的素人參加，那是一個諧星版本的《超級星光大道》，最終目標不外乎就是選出臺灣未來的潛力諧星。

坦白說，或許當時我也覺得將來不太可能真的去走演藝圈了，一開始看到這個訊息，其實並沒有特別在意，是當時「悶鍋模王選秀賽」的工作人員特別來電，邀請我去參加這個比賽，我才開始思考「要不要趁著研究所生活展開前，玩點什麼呢？」

這次，我沒有先取得爸媽的允許。

參賽之後的過程，就是大家所看到的那樣，我藉由模仿青峰、Roger 老師，得到了評審的青睞，闖過海選、進入決賽，一路打到了第七名。

《超級模王大道》這個節目，在比賽的過程中，逐漸家喻戶曉，這個在「墊檔時段」播出、聚集了「演藝圈邊緣人」的節目，經過我們這些拐瓜劣棗的奮力一搏，收視率竟然飆到了同時段最高點，並創下嶄新的紀錄。

節目中的一票選手，如林俊逸、Echo、愷弟、大飛、楊昇達、張立東等人，名氣全都水漲船高，不僅走在路上開始有人叫得出我們的名字，許多表演片段更在那個 YouTube 尚未風行的時代，就得到了大量的分享轉發，這個結果，是我當初抱持著「玩玩就好」的心態去參加時，始料未及的。

從參加比賽，到最後簽下正式經紀約，成為金星娛樂的藝人，這一連串決定，不僅沒有經過爸媽同意，我也不敢提，因為我知道會是什麼結果，不如別問——爸媽在比賽之前，只說了「去當玩票性質就好」，卻沒想到我這一玩，還真的玩進了演藝圈；而這一路，我從來沒有主動跟爸媽分享錄影的甘苦談與心得，因為我覺得他們打從心底不希望我走這條路，我不提我的工作，那他們就沒有機會反對我。

我還記得小時候的那一巴掌，甚至覺得它還在我的臉頰隱隱發燙。

我不希望再有一巴掌，用任何形式再度打在我的臉上、心頭。

比賽進行中的某天，《康熙來了》製作單位打電話給我的經紀人，表示因為陳漢典要去參加某個影展，需要一個代班助理主持人，我聽到消息當然立刻答應，但經紀人提到：「不過，其中有一集，你要扮徐薇老師喔！」

我沒有扮過女裝，對女裝也沒有特別排斥，當下顧慮的其實是：雖然爸媽沒有禁止我在演藝圈打滾，但，扮女裝會不會超過他們的底線？會不會讓爸爸覺得羞愧？爸爸總說玩票性質就好，但玩成這個樣子，他會怎麼想？

那些之前不曾擔心的，突然都湧上了心頭，但我又怎麼能放棄呢？那可是《康熙來了》，是收視率最高的談話性節目，能站在那個位置當助理主持人，是多少藝人的夢想？更何況，代當時悶鍋模王比賽冠軍的班，對我來說，也能彌補當年未能奪冠的遺憾。

掙扎了一番，我跟經紀人說，給我一天時間，我考慮。

隔天中午，我站在經紀公司不遠處的小公園，滑著手機，踱步很久，終於鼓起勇氣撥打電話給我爸。

「爸，你在忙嗎？」

「怎麼了？」爸爸語氣有點急促，透露著擔心，畢竟這可能是我第一次在他上班時間打電話給他，他大概以為出了什麼事。

「我要去《康熙來了》當代班助理主持。」我心跳得很快。

「很好啊，怎麼了。」

我抓著手機的手有點顫抖，彷彿孩提時候的那一巴掌，就即將要再度落在我的臉上。

「……我要模仿徐薇老師，我要扮女裝，畫大濃妝、穿裙子，我怕……我怕你會覺得丟臉。」

「唉呀，」我爸的語氣沒有一點遲疑。「還好吧，那就是你的工作啊。」

「……？」

「沒關係，你去吧，我不會覺得有什麼問題，說不定你扮女裝，還比陳漢典漂亮。」

忘記了當時那個對話是怎麼結束的，但掛斷電話的我，在小公園的長椅上哭了二十分鐘，心裡面多年的壓力瞬間跟著眼淚潰堤——我做了什麼？這兩年來，我以為爸爸根本不贊同我在演藝圈的工作，始終悶著不跟他們分享自己的辛苦過程，只是自顧自地覺得他們討厭演藝圈，但最後，覺得這一切「有什麼不對」的，只有我自己？

原來，你們一直都為我驕傲？

有一次，在某個婚宴場合，遇到我爸的銀行同事，他對我說：「你爸是你的大粉絲喔！他都會在辦公室跟我們宣傳要看《超級模王大道》，說他兒子在裡面！」

家裡附近的早餐店阿姨也說：「你媽媽每次來買早餐，都會說你在模王大道比賽，要我們支持你。」

幾年來，我在演藝圈載浮載沉，每一個舞台工作、節目錄影，我都不跟爸媽分享，因為我覺得他們不贊同我、厭惡演藝圈。在我的想像中，他們是我不敢施展身手的假想障礙，但事實上，他們比誰都還要支持我的決定跟工作，只是他們不知道怎麼表達，或者說，其實是我關閉了溝通的管道。

他們只希望我開心。

一直到那通電話之後，我才真正地想通了。其實，他們根本沒有阻止過我什麼，如果在每一次我以為被拒絕被反對的時刻，願意更進一步溝通，好好跟他們分析我的想法與做法，而不是把他們妖魔化，他們可能不見得都會那麼堅決地否定我想做的事，但我，卻花了好幾年的時間，幻想他們是我最大的阻礙，活在自以為被誤解的人生裡——如今，我的每一場脫口秀，他們都會來捧場、放聲地大笑並拍手。

後來，我也常常遇到朋友，抱怨自己的夢想不被家人看好而受挫，我總是想起自己的這段過去——父母真的擋住我們的前程嗎？還是我們自己害怕往前，然後把父母的反對當成藉口，為自己的失敗跟裹足不前找責怪的替死鬼呢？

也許，只要你過得好，他們都會為你驕傲。

千萬不要誤以為自己是萬中選一

「你的笑話都不好笑啦！」政大的社團辦公室大樓裡，童星出身的大學同學楊小黎，一邊哭著一邊罵我。

我無助地試圖安撫，但她的哭聲不停。

「你先別哭……你先聽我說……不是，也沒這麼慘吧？」

「我真的覺得不好笑啦！嗚嗚嗚……」小黎的哭聲甚至引來了幾個好奇的學生，從門上的窗戶探頭看到底發生了什麼事情。

我再不好笑，也沒有必要哭到需要眾人圍觀的地步吧？

那是我人生中第一次，被別人用這麼強烈的方式指出了「不好笑」的這件事。

搭檔的哭泣，點燃了強烈的自我懷疑

參加完《全民大悶鍋》的「模王選秀賽」那一年，我剛考上政治大學國際經營與貿易學系，而開學前上過電視的錄影經驗，使得我在系上所舉辦的各種活動中，有更多機會被拱上台說話、表演，甚至獲選為「國貿先生」。

曾經感受過鏡頭光鮮亮麗氛圍的我，對於鎂光燈的魅力仍然念念不忘，所以大學時期在奮鬥課業之餘，也經常參加各大媒體舉辦的比賽或節目試鏡，只為了找尋一個機會，再次感受舞台的魔力。

我跟楊小黎是在大一認識的，那時，每年都會舉辦的政大「金旋獎」徵召主持人，我們被分配到了一組。當時對於童星出身的她，一開始覺得有些距離，但認識久了，也覺得她是個隨和的女孩——不，先別誤會，這之中沒有愛情的成分，其實，我當時只要看到她，就會想到和她被配成螢幕情侶的郝劭文，這讓我實在很難有其他非分之想（不知道這是不是多年來她總是單身的原因）。

離題了，反正那時，我們一起思考金旋獎上台的主持人台詞，因為拿過模王選秀賽第二名，不要臉地自認肚子裡還有點才氣的我，自告奮勇擔下撰稿的責任，但這回我絞盡腦汁，也只能在壓線前擠出幾頁內容。

那天下午，我們借了政大的社辦一起排練，但才念了幾頁，小黎便突然陷入一陣沉默。

「怎麼了？」

「……我覺得這樣的東西不行，學姐他們不會接受的。」她皺著眉頭說。「學姐」是指驗收金旋獎主持稿的人，隔天我們就要排練這份主持稿給他們看。

「哪裡不行啊？我覺得滿好笑的呀。」我指著其中一個段落哈哈大笑。那段落中，我們扮成神鵰俠侶，因為把主題曲「拔長劍跨神鵰」唱成「跨長劍拔神鵰」導致「楊過自宮、神鵰慘死」。

小黎面無表情。「……我笑不出來。」

「不會啦，真的演出來就很好笑啦。」

突然，這位平時擁有童星光環，在我們身邊看起來總是氣質優雅的女孩，在我眼前爆出哭聲，眼眶一紅，開始哭喊：「真的不好笑啦！你寫的這幾個笑話真的都不好笑啦！」

我硬著頭皮安撫她。「沒關係，如果真的不好笑，我們在驗收後檢討就好，先不用這麼緊張……」

花了五分鐘半哄半騙，小黎的情緒總算從大哭變成抽泣，最後慢慢冷靜下來，但看著她停止這突如其來的情緒躁動，我卻開始心慌。

——我是不是，真的不會搞笑啊？

你怎麼還在這裡？

剛好在那段時間，以學生為主的素人談話性節目如雨後春筍般冒出，其中更以《大學生了沒》最為有名，讓各大專學校在校生趨之若鶩。我雖然也上過這個節目，但可能因為沒有製造出什麼令人驚豔的效果，在第二次錄影後就沒有再接到電話，更無緣成為班底。

直到當時另一個節目《關鍵年代》公開徵選「會講話的大學生」上節目成為班底，我覺得機會來了，立刻報名，也或許是節目需要的人與綜藝效果豐富的人定位不同，我成為了《關鍵年代》的節目班底，與許多來自各大學能講、會講、敢講的學生一同挑戰每一集來賓的各種思維邏輯。

那是我第一次在一個電視節目中有固定露出的機會，當時為了脫穎而出，每次的發言都刻意離經叛道。例如當來賓在節目中探討「如何改善臺中的治安」時，我會舉手大喊「臺中需要一個蒙面英雄，需要一個蝙蝠俠，在暗夜出沒懲戒惡人！」現場的人只有傻眼。

即便沒什麼邏輯，但那是當時我對自己提出的挑戰：每一次的發言都必須要有亮點，先求留下深刻印象，再求鞭辟入裡。果不其然，在眾多「認真討論」的學生當中，一個老是丟出天馬行空想法的「怪咖」，總是能在主持人需要荒謬效果的時候，被選中發言，如果運氣好，在發言中還能有一些有道理的論述，也會被剪進預告成為當集的宣傳重點。

每週錄影的生活，在某一集，因為一個熟面孔的出現而起了變化。

那天我一如往常來到《關鍵年代》的攝影棚，看到節目流程表上出現了「白雲」這個名字。那是對我有著深遠意義的《全民大悶鍋》之中的資深班底之一，當時的白雲哥還維持著胖胖的身材，親切的笑容配上隨和的個性，在臺灣演藝圈總是有著好人緣。

看到白雲哥的名字那一刻，距離「悶鍋模王選秀賽」也已經三年多了。我心想，不知道白雲哥記不記得我？當我開心又有點忐忑地來到後台，遇見正在梳化的白雲哥時，我迫不及待地打招呼：「白雲哥！我是豪平，是那時候模王選秀賽的選手⋯⋯」

他露出了狐疑的神情。

「……就是輸給陳漢典，第二名，模仿ＹＡ教授的那一個。」

「喔喔！是你啊！」似乎是這個「頭銜」才終於喚醒白雲哥的記憶，這也不能怪他，畢竟這之後我都沒有在主流電視節目上出沒，能記住「輸給陳漢典」跟「模仿ＹＡ教授」已經是萬幸。

我們在化妝室簡單地寒暄，他問我怎麼會在這裡？我說，我是這個節目的班底之一，是專門向來賓提出問題的「關鍵記者團」。聊沒多久，工作人員進來宣布開錄，我們就匆匆地進了棚內，開始錄影。

我一如往常，在節目中發言，跟其他學生一起爭辯著「父母該不該為子女支付學費」之類的價值觀，白雲哥插科打諢的功力也正常發揮，逗得大家哈哈大笑。收工後，我們兩人一起走出攝影棚，白雲哥突然一個嘆氣，對著我語重心長地說：

「唉，一樣都是那個比賽出來，怎麼漢典都已經在康熙，你還在……」

我愣了一下，確實，那時陳漢典在模王選秀賽之後，時不時在《全民大悶鍋》出現，過了一段時間就進入了最紅的談話節目《康熙來了》當助理主持人，短短兩年間就家喻戶曉，變成了金牌主持人S姐跟康永哥身旁的最佳綠葉；而我，這兩年間在各個節目跑跑龍套，接接學校的主持活動，始終在「素人」與「藝人」之間的灰色地帶徘徊——我跟陳漢典同台的那一刻，我們僅僅差距一名，但擦身而過之後，這個差距卻迅速地拉開。

一直以為那樣在節目中說說笑話就算是有進入演藝圈的我，原來在前輩的眼中，可能僅僅只是在邊緣，甚至，連進都沒進來嗎？

一個隨口的嘆息，動搖了我原先得過且過的天真心態。

誰會為你留著那個位置？

其實，陳漢典能夠有這些錄影機會，都不是天上掉下來的，我曾聽熟識的製作人說過，在悶鍋模王選秀賽後，熱愛這一行的他，常常守在電視台，只要《全民大悶鍋》開錄，他就會守在攝影棚外；有時蹭個便當、陪工作人員聊聊天，待得久了，製作人覺得他閒著也是閒著，不如就幫他安排個角色。沒想到，演出的小機會愈多，大家愈是發現這個能跳舞能搞笑的小朋友有趣，因此他所占的戲分也愈來愈多，甚至還被推薦到同一個製作公司的節目《康熙來了》擔任助理主持，結果，就如同大家所知道的那樣，他紅了。

我既沒有像他一樣豐富的肢體表情呈現，也沒有像他那樣久站戲棚的覺悟，累積起來的成績當然完全比不上他。

我以為自己已經很努力在爭取機會，但陳漢典所展現出來的努力，加上他的搞笑天賦，這兩者加起來的組合，是我遠遠所不及的。

因此，我連嫉妒都沒有資格，僅僅只能自嘆不如。

就在這時，政大商學院公布了年度交換學生申請的條件，所有對國外留學生活嚮往的同學紛紛討論著要去什麼國家，那時候的我也不例外——對日本文化充滿興趣的我瞄準了名古屋半年的交換學生機會，遞交了申請書，然後通過了海選、面試，甚至拿到了日本交流學會半年獎學金……眼看日本留學生活就在眼前，我卻突然有點遲疑。

如果，我就這樣去了日本，離開這個唯一固定露臉的節目《關鍵年代》，這個好不容易可以不用看我用力搞笑的節目……經過半年回來之後，這個節目，甚至是「演藝圈」，還會有一點點的可能性留給我嗎？

我想起小黎哭著對我喊：「你真的不好笑啦！」的那個畫面，愈想愈覺得，這麼不好笑的我，也沒有陳漢典的努力與天賦，現在居然還要放棄這個好不容易成為班底的節目，這樣真的可以嗎？如果現在的我，在前輩眼裡看來只是個踏在「藝人」與「素人」間灰色地帶的半吊子，半年後的我，會被這個圈子裡那麼多才華洋溢的競爭者沖刷到多遠的地方去呢？

我帶著這些疑問，去請教了從悶鍋比賽後就斷斷續續有聯絡的前輩「洪都拉斯」。那次比賽後，我在臉書上找到他，由於剛好我當時模仿的就是他所詮釋的角色，心裡其實對他特別有親切感，所以大膽地送出了交友邀請，後來也是在眾多悶鍋藝人中我唯一有持續聯繫的前輩。當時，我在臉書上詢問他：「洪哥，我準備要去日本當交換學生，可是我有點怕，我怕離開這半年，我就根本不可能有機會加入演藝圈，你會建議我怎麼做呢？」

「如果這個圈子需要你，你離開再久，都還是會有你的位置的。」

洪哥的訊息回覆簡單樸實，卻鏗鏘有力。

好像真的是這樣啊，不管是什麼圈子，不是你想要，這個世界就要給你位置、給你空缺，是這個環境缺了某個人，而你剛好符合這個空缺，再加上一點機緣巧合，你才有機會補上那個位置。如果我是一個這麼容易被取代的人，那也代表我不適合這個圈子；如果我是一個被需要的、獨特的人，那即便我去得再久，這個圈子也還是會需要我的。

我決定給自己一個機會，離開臺灣半年，過上從來沒有體驗過的異國生活，一邊好好想想在學生時期是不是還要繼續投入演藝圈。

每一個巧合都是宇宙的意志

有趣的是，當我決定要去名古屋交換學生半年，最後一次參與《關鍵年代》的那天，我心裡默默準備好在節目錄完後要跟製作人說明「我之後無法繼續再錄影」，但在錄影結束後，還沒有找到時機表明自己的決定，倒是先和大家一起在攝影棚內收到了「因為收視率緣故，本節目今天是最後一次錄影」的消息。

我還記得節目的兩位企劃哭著跟我們說：「不想影響大家錄影……忍到最後才決定跟大家說這個壞消息，抱歉我們沒能留住這個節目……謝謝大家持續的參與，希望以後還有機會可以合作！」

我雖難過，但也覺得這個巧合的背後，簡直可以看到命運之神那難以捉摸的微笑——原來，那些令我百轉千迴、萬分不捨的機會，早已在命運的安排下，注定離我遠去。

沒有什麼人無可替代，也沒有什麼永恆不變的事物，若是沒有認清自己手上擁有的成績多寡，恐怕會失去放手一搏的勇氣。

心無罣礙的我，前往名古屋，展開了半年的旅日人生。

異鄉的媽寶進化史

我做夢都沒想到，「如何清洗血跡」會成為我來到名古屋第一天晚上，在搜尋引擎裡輸入的關鍵字。

入境日本才不到半天的時間，我在宿舍裡盯著鮮血直流的手，一籌莫展地為旅日生活揭開序幕。

媽寶出門，媽媽煩惱

坦白講，在隻身一人前往名古屋當交換學生之前，我應該就是傳說中標準的「媽寶」：從未自己一個人旅行、從未自己一個人生活、從未自己煮過一頓飯、甚至從未自己切水果……我的所有生活起居，是由家人打點好，一點一滴陪伴著我直到上大學的。

也因此，當我在大三決定前往日本交換學生一年，出發前，爸媽當然老樣子的擔心，覺得我是不是真的能夠自己一個人生活，甚至試圖要我打退堂鼓，不過這一切都在我自作主張把所有文件申請完成之後，就成了既定事實，他們絲毫根本沒有介入的空間——除了百般叮嚀生活的細節之外，這次，他們完全改變不了我的決定。

赴日的前一天晚上，我精神異常地好，在電腦前搜尋著相關資訊直到凌晨一點——這時間還不睡對現在的我來說可能是家常便飯，不過對大學時的我而言，那可是很不尋常的——突然，媽媽敲了我的房門，接著探進一張顯然也是睡眠不足的倦容，氣若游絲地說：「明天要早起，不要這麼晚睡。」……依照我對她的理解，她應該是為我擔心到睡不著覺。

待在日本的半年會是什麼樣的生活呢？我會想家嗎？在這之前，我曾經在上海跟學校的團體旅行八天，從來沒有撥打電話回家，這樣說來，我應該是個不太會想家的人吧？不過，沒有家人在身旁，我有能力自己獨立生活嗎？煮飯、洗衣什麼的，所有在臺灣不曾真正做過的瑣事，現在都得自己來……這樣的我，一個人在日本有辦法活得下來嗎？

腦中被各種問題塞得滿滿的，但此時的我早已沒有後悔的餘地，就像搭上了雲霄飛車，卻在護欄降下、機器啟動後，才開始擔心自己會不會心臟受不了一樣。

「你幹嘛沒事折磨自己？待在臺灣不好嗎？好好讀書、上上節目通告，還有家人把你照顧好，幹嘛一定要出國？」上飛機的時候，我一定也會這麼想吧，但，即使如此，我還是認為這是一段能用力把自己扯出舒適圈、重新找到自我的旅程。

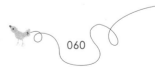

成長不一定要出國，但獨自一個人面對大量陌生的新事物，一定能帶來快速成長的機會——我是這麼相信的。

勉強地在床上睡了五個小時，隔天早上我在爸媽的陪同之下搭乘計程車來到機場，跟同樣參與交換學生計畫的學長一起進了海關、上了飛機，在開啟飛航模式前，媽媽緊張的訊息又再度傳來：「到日本要說！」

接著，臺灣在我身後愈來愈遠。

那片名為日本的土地，愈來愈近。

公子哥在異鄉的「第一滴血」

說也奇怪，明明不是第一次來到這裡，這次的心情卻截然不同，忍不住緊張起來。

抵達機場，年輕的男海關人員一邊檢查著我的文件，問我：「Why you come to Nagoya?（你為什麼來名古屋？）」

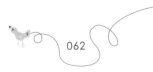

「私は名古屋商科大学の交換留学生です。（我是名古屋商科大學的交換學生。）」我的語氣有點顫抖，這是來到日本的第一句日文。

海關人員看了我的護照，用不標準但可聽懂的中文回答：「歡迎。」

這短短的對話，基本上就是我這半年的留學生活縮影：有人會用英文跟我打招呼，然後我會用破爛的日文回應，最後他們都會用少少的中文詞彙，比如說「好吃」、「歡迎你」、「讚啦」跟我拉近距離，彼此都以為，這樣就是精通了對方的語言。

那年的名古屋，據說刷新了十年來的高溫紀錄，是難得的炎熱，以為日本會很冷的我跟學長一抵達名古屋，便脫下了外套，名古屋商科大學的老師在機場外對著我們揮舞雙手，一邊擦著汗，一邊用笨拙的英文說：「Welcome to Nagoya!」

我們從機場到了市區「上前津」，將行李搬入預計入住的宿舍——那是一棟豪華新穎的建築，只有七層樓，房間也只有四五坪大，但麻雀雖小、五臟俱全，有洗衣機、烘衣機，以及完善的廚房設備，完全沒有住過人的痕跡，後來，我才知道是學校特別為我們這些交換學生蓋的——我看著那乾淨嶄新的瓦斯爐、流理台，心想，好像可以自己下廚了耶？反正隔天還不需要去學校上課，我索性抓起手機，隨便查了地圖，在周圍的商店街、超市，按照網路上查到的食譜買了所需的食材跟一些水果，打算為自己的新生活煮一餐慶功宴。

「你沒做過菜，很危險，去買現成的就好，聽到了嗎？」媽媽在另一頭用視訊跟我遠端連線，一臉憂心忡忡。

「這邊廚房這麼新，不用太可惜了吧。」我有些不耐煩。

「你沒切過菜，水果也是，萬一切到手——」

忍耐到極限的我提高聲量，一個字一個字用力吐出：「我、今、晚、就、要、自、己、切！」然後掛斷視訊。

開玩笑，切個水果有什麼難的？媽媽這是瞧不起我嗎？雖然我在大學前真的沒切過，但不就是削削皮、手起刀落就搞定的事嗎？我拿起蘋果，放在砧板上，然後拿起水果刀，一切就如我所想的那麼乾脆，手起，刀落。

手起刀落，指頭噴血。

剛買的嶄新水果刀，順著光滑的蘋果表面一路切進左手的食指指緣，鮮血從切口不斷流出，把原本已經削皮的蘋果又染了個全紅。我邊罵髒話，邊抓起旁邊的廚房紙巾，用力壓緊傷口，剛搬進宿舍根本沒有醫藥箱，我只能笨拙地用大量衛生紙壓緊，直到身邊堆滿一團又一團染紅的衛生紙，傷口才有漸漸止血的趨勢。

當然，這件事情我是沒有讓家人知道的。

不過，我很快地就習慣了這一切——當然不是習慣切到手。日本的物價比起臺灣高出許多，如果餐餐外食，勢必是一筆大開銷，於是我開始會研究當地便宜的超市，還有容易找到打折食材的優惠時段，比方說，晚上十點下樓，樓下的超市常常會有五折以下的優惠，有時連便當都打折的話，我也會直接買便當吃；除此之外，洗衣、晾衣、倒垃圾等，我也全都從零開始學習，做為一個一直住在家裡的「公子哥」，若沒有來到異鄉強迫獨立，有許多尋常的家事，根本沒有機會自己動手做。

重新啟動腦內設定的短期冒險

搞定了基本生活，還要想辦法融入當地。健保、郵局帳戶、電話都必須一個一個申請，簡單的日文對話是沒有辦法幫助我通過繁複的申請流程的，這些瑣事我不想特別麻煩別人，非常犯賤地決定自己處理：首先，我必須先到當地的市公所申請到類似身分證明的「外國人登錄證」；接著，為了避免支付高額的醫藥費用，我也必須在拿到登錄證後申請「國民健康保險證」；然後，再拿著這些證件辦理在當地使用的手機跟號碼，再用這支號碼去郵局申請帳戶，因為我所申請到的獎學金都會透過學校從郵局匯入帳戶……

初來乍到的我，日文當然是零零落落，而這些單位的承辦人員，又未必每個都精通英文。你可以想像，在這種語言半通不通的情況下，在跑流程的前兩週有多麼痛苦，每次資料有缺，一卡關就要退回重來，找齊需要的資料才能繼續前進，彷彿在一個非常不好玩的電玩遊戲中，擔任不斷跳針、打掉重練的勇者主角。

學校生活也絲毫不輕鬆：名古屋商科大學位於名古屋市旁的日進市，得先搭乘電車二十五分鐘，再轉乘二十五分鐘的公車，才能抵達我們所住的上前津宿舍；中間若有塞車、大雨、公車延誤等狀況，可能還得花上一個半小時！除了通勤時間長以外，更可怕的是通勤費用，單程電車加公車就要五百日圓，一天來回就要花上一千日圓（折合新臺幣大概三百元），這使得我驚覺，要是一週上四天課，我不就得花將近一千二在通勤上？於是我努力排課表，將課程都縮在三天，從早上九點上課到下午六點，再利用市政府的公車轉乘優惠將通勤費用降到最低，即使搭乘市政府的公車車程會拉長一倍，我也顧不得那麼多了。

沒錯，夢寐以求的留學生活，一開始充滿了混亂，除了要和日式官僚體制較量，還得將有限的經費做出最好的安排。等我真正步上軌道，我的交換學生生活已經過了四分之一，我再度暗暗問自己：「幹嘛沒事把自己搞成這樣？」

但說真的，即使每天都要花上兩個小時往返，我依然覺得，名商大絕對值得花上幾個月一探究竟——校齡雖有五十七年，但在學生設施、教學設備的維護與建設上絕對不含糊，大樓和校園各處都極為乾淨，我甚至聽當地的工作人員說，學校花了好幾百萬在各項維護上，校園內不僅有多棟教學大樓，也有棒球場、高爾夫球場、足球場等，甚至還有射擊場跟自己的湖……我在這裡待了四個月，還是沒有時間全部體驗一次，實在可惜。

除了當地的湖光山色，由於我把課程縮到每週上課三天，所以我一週等於有四天假期可以運用，我利用這些時間獨自走遍日本各地，前往三重縣探訪日本神話傳說的源頭，到京都朝聖安倍晴明的神社，到犬山市追溯桃太郎的故事起源，也在半田市被鮮紅的彼岸花之海震撼，更在香嵐溪見識滿山滿谷的楓紅……這些旅程，我大多一人獨自行動，在探索最優惠行程、最便利交通方式之餘，訓練了「與自己相處」的技能。

倒不是我孤僻，喜歡獨來獨往，實在是其他交換學生的課後生活花費太昂貴了。同學們一開始常邀我一起去市區一間叫做ＩＤ的夜店，光是入場費就要三千日圓，這還不包括場內的酒飲！這對當時的我而言實在有些負擔，因此三番兩次地拒絕他們的邀約，久了就再也沒收到他們的邀請。不過，我還是認識了一些有趣的朋友。

法國人 Amine 有個交往兩年的日本女友，畢業後發展成遠距離戀愛；來自德國的 Ivan 原本也是孤家寡人，來日本之後竟然交了一個小女朋友奈奈，由於 Ivan 有看到女生就擁抱的「國際禮儀」習慣，每次他女朋友在現場，我都為他捏一把冷汗，而他們後來也結婚了；外型粗獷的 Marius 說日本食物太好吃了，所以胖了七、八公斤；澳洲來的 Kevin 是亞洲人，會說一點點中文甚至是臺語，後來他在飛機上看到我參與綜藝節目的演出，還特別拍照傳給我；來自南非的女孩 Felic，有著天生烏亮的皮膚以及姣好的身材，在一場與當地高中學生的和服體驗活動中，Felic 甚至因為胸部尺寸引起一群高中女生騷動及「欸欸我可以摸一下嗎」的各種瘋狂亂抓——對於此事，我還記得她無奈的表情帶著一點驕傲。

用四個月回答一個問題

回想起那些日子的經歷，腦中的畫面至今都還是清晰無比。我猜，或許是被丟在舉目無親的世界，為了生存，對於環境的敏銳度被迫提高，才有機會注意到那些往常覺得平淡無奇的人事物吧。

即將回臺灣前的某天，我一如往常結束漫長的車程，順便去了旁邊的超市逛了一下才回家，然後轉身、鎖門，打開冰箱放進新買的菜，打開空調，打開電腦，開抽油煙機、瓦斯爐、放菜、蒸煮炒炸，吃完飯、洗衣、收衣、準備明天的便當……

睡前，躺在床上的我突然驚覺，這一切的日常竟變成了一連串的反射動作？曾幾何時，我已經不再疑惑下一步要做什麼，像是哪一天要倒垃圾、車要坐到哪一站、豬肉片要去哪裡買等等……原來，我已經不再是半年前的那個小媽寶，而是能夠一個人生活的大人了。

有些時候，旅行的意義，是在旅途中尋找的，就像「在臺灣就好，幹嘛沒事把自己搞成這樣？」這個困擾我數月的問題，在此得到了解答：因為「能夠獨自生活、跟自己對話」這樣的技能，在往後的人生裡，只會隨著年紀增長愈來愈重要。

結束四個月的交換留學生活，我拖著行李回到臺北的那一天，媽媽淚眼汪汪地在海關外迎接我，而我笨拙地抱了抱她。

站在美夢與現實的接壤之處

研究所的第一年，我交了人生第一個女友——這句並不是之前交過男朋友的意思——做為初戀，我曾以為，她會陪我很久很久，是我命中注定的、人生的女主角，雖然最後才知道，她只存在我人生某一章的某一頁。

J是我研究所的同學，在學校有「小曾愷玹」的稱號。在交往前，我和她的交集僅僅只是一起分過組、寫過報告。學期一開始，同學們都知道她似乎剛跟一個正在當兵的男朋友分手，但認識她以來，也從未對她有過什麼想法，對她的印象，就是個身邊比較漂亮的女孩。

某一天，在商學院下課的午後，我跟J碰巧一起走出商院後門，當時突然下起了雨，剛好帶著一把傘的我，瞥見J兩手空空，便慌張地對J說：「啊，我只有一把傘，你要不要先回研討室拿？」

「厚，你很笨耶，」J笑著說。「這種時候就要兩個人撐一把啊，難怪你到現在都單身。」

那個笑容，跟她的言語，像是個無聲的開關，在重合的瞬間啟動了某種幽微卻難以忽視的變化，鑽進我全身的毛細孔，在我身體裡流竄，顛覆了我心中對這個女孩「普通朋友」的定義。

在那之後，我無法克制自己偷偷注意這個女孩。

你的美夢將會成真

幾個月後的聖誕節，所上同學舉辦派對，平常嚴肅的研究室，變得非常熱鬧，塞滿了戴著聖誕帽的笑臉。主揪同學拿了一包電影裡才會看到的幸運餅乾，說是她特別帶來，要大家一人拿一個；我跟J都參與了這個遊戲，當我們把餅乾打開，我的籤文寫著：「A dream you have will come true.（你的美夢將會成真。）」

十分邪門地，J的幸運餅乾籤文，和我的一模一樣。

這個巧合讓我們都非常驚訝，眾人起鬨要我們合照，於是我們拿著同樣的幸運餅乾籤文合照了一張，記錄下這個超低機率奇蹟發生的瞬間。我有試圖確認過是否整袋都是同一張籤文，但其他人的都和我們不一樣。

後來，這張籤文就此待在我的錢包裡，沒拿出來過。

一個月後，我生日的那一週，我們在一起了。

不太確定迅速地認識了對方的家人，是不是一對剛交往情侶該有的常態？沒有經驗的我無從得知，但我很快地就在J的安排下，跟她的家人逐漸熟悉：J的老家在新竹，是一個大家族，她跟奶奶、爸媽，甚至手足間的感情都非常好，對於這點我十分羨慕，畢竟在我接觸了演藝圈後，我跟家人的關係一直維持著某種奇妙的距離。

她的家人對我都非常客氣，即便第一次見女友家人的時候，真的超級緊張，但很慶幸他們對我的態度十分和善，讓我放鬆許多；然而，J偶爾會有意無意聊到，她的爸媽和奶奶對我的職業還是有許多疑慮。

「也不要放在心上啦……」在我們開始同居的住處，J一邊整理衣物，一邊這麼對我說。

我有些驚慌。「怎麼可能不放在心上，所以奶奶到底為什麼不能接受我跟你在一起啊？」

「不是不能接受，她很喜歡你，覺得你是個好孩子。」

「那為什麼——」

J面有難色，似乎知道自己講出來的東西極其荒謬：「——奶奶就覺得，演藝圈很亂，覺得你會討小三啦！」

是的，J的家人對我身處演藝圈有疑慮，並不是在乎我的收入，也不是在乎我的生活穩定與否，在意的居然是：我可能會搞外遇！

確實，在一般人的眼中，演藝圈就是個大染缸，誘惑太多，J的家人認真地覺得我的周遭有太多誘惑，未來有可能會傷他們寶貝女兒的心！這點真的是多慮了，如果我真的會搞七捻三的，我就不會單身二十四年。

不過交往一年以來，脫離所謂的「熱戀期」之後，新的問題就浮上檯面——也許不能說是「新問題」，而是本來就應該傷腦筋的「老問題」——我的工作，確實不穩定。

如何延續這場美夢

模王大道結束之後，我就是一個斷斷續續偶爾上節目的通告咖，雖然在演藝圈同時有個「學霸」稱號，但學歷對演藝工作而言，並沒有多大的實質意義。研究所的第一年參加比賽之後，我的節目錄影通告大概維持在一週一次、甚至一個月才兩次的頻率——儘管學生時期，不太需要為了生活傷腦筋，但若自己變成了某個人未來可能的伴侶，要考量的絕對就不是自己吃飽而已。

研究所的第二年，我仍然沒有自己的代表作，就這樣磨著磨著，磨到了延畢——沒錯，我為了躲當兵而先延畢了，這是幾乎所有對演藝圈還有期待的準役男都會選擇的方式，覺得也許多爭取一年時間的我，能在這段時間找到不錯的曝光機會——而先行畢業的J，選擇了投入職場，開始上班。

有一天，當時的經紀公司安排了我客串某部戲，但拍攝時間是在深夜十二點之後，一路拍到凌晨四點。還記得當時我到了現場，助理還沒抵達，現場的工作人員引導我和大批的臨時演員在昏暗的涼亭換上戲服，當時，我遠遠看見同期的藝人，都坐在保母車上化妝、對詞（我飾演的僅僅是一個在群眾中，被隔壁的人問了一句「會緊張嗎？」然後回答「嗯」一個字的角色），確實，這樣的待遇落差，讓我心裡非常不舒服。

通常這種鏡位複雜的群戲，拍攝行程延遲是理所當然的，因此原本說好要在一點就拍攝的戲，一直到兩點都還沒開拍，就在我跟著其他臨演在廣場上蹲坐著等待時，J傳了一個生氣的訊息過來：「你也太晚了吧？你知道我明天上班要早起嗎？」

「對不起，拍攝延遲了。」

訊息過了五分鐘才傳來。「真的太誇張，如果你常常要這麼晚回家，我們就分手。」

這意外嚴厲的訊息內容徹底嚇到我，我驚慌地催促後來趕到現場的經紀人，看有沒有機會提早拍攝。後來公司勉強協調，讓我拍攝完需要有台詞的畫面之後，就先行離開。

那天凌晨四點半回到住處，我躡手躡腳地打開房門，連燈都不敢開，摸黑把東西放下，隱約看見女友已經在被窩裡面背對著我睡著，當時我只敢迅速到浴室刷了個牙，然後輕輕地、在不晃到床的前提下，爬上床鋪。

J頭都沒回，背對著我呢喃了幾句。

「……如果你的生活以後會經常是這樣，我覺得我們不能一起生活。你知道嗎？我每次都要幫你跟我爸媽解釋，豪平很努力，只是還在努力，我都已經有工作了，他們會開始擔心我跟你交往不會有好生活，我還要想辦法讓他們放心，可是我呢？我也會懷疑……」

我靜靜地在床上聽著，雖然已經凌晨近五點，我卻一點睡意都沒有。

「如果可以，」J頓了一兩秒。「你要不要畢業之後去找一個穩定的工作？」

沒多講話的我，只是「嗯」了一聲，如同兩個小時前在片場，我那句無足輕重的台詞。

現實與夢想，還有你

接下來的一兩週，我對經紀人說，如果真的沒有什麼機會能夠有好的曝光，我打算在延畢第一年後，完成論文、畢業、服役，然後就暫時先投入職場，不再對演藝圈抱有希望。經紀人沒有說什麼，只說希望我對自己的選擇負責，我想，或許是手上帶著的藝人心灰意冷這種事情，也是對她能力的一種否定，在這種尷尬之下，我們並沒有多做深入討論。

接著，我開始找實習機會，去面試學校安排的日商與科技公司，想在離開政大前，用學校的資源盡可能找到一些比較好的工作機會。一天，我跟著學弟妹，出現在某家公司的實習說明會現場，負責那家公司說明會的人，恰巧是在大學時期就知道我有在從事演藝工作的學長。

「哎呦！」一見到我，他誇張的口氣突然提高了聲調。「這不是大明星豪平嗎？欸，我們這邊小廟請不起大佛啦，你不要來我們公司實習啦。」

我知道，這段八點檔裡羞辱人的嗆聲模式，或許會讓人覺得不太可能發生在現實生活裡，但當天他的嘴臉、口氣，真的是讓我永生難忘。當時，為了不把情況搞得太難看，我仍好言相待：「沒有啦，學長，也是試試看而已，都是機會呀。」

但我也很清楚地知道，我是不會去這間公司讓人羞辱的。

那段時間，我找工作的過程，J都看在眼裡，她也偶爾會興高采烈地丟一些職缺或實習的機會給我，說我可以參考一下。似乎，當我決定開始找工作之後，就在她眼裡變得上進了起來，她也樂於用工作的閒暇時間，幫我出主意。

只是看著那些實習機會、工作職缺，我翻來翻去，總是沒看到自己真心喜歡的工作，我知道，手上握著政大企業管理研究所碩士學歷，想拿下那些工作其實並不困難，可是一旦我認真思考：「這真的是我想要的生活嗎？」我就不禁遲疑，難道我真要一再面對下一次面試時「學長」的冷嘲熱諷，然後徹底跟喜歡的表演工作說再見？

現實跟夢想，我到底要選哪一個？

或者……我是為了她，才決定要改變自己原本的想法？

那一刻，發光的你

思緒被拋進對未來的想像中，這時我開始認真問自己：我有沒有可能做出一個，會讓自己後悔一輩子的選擇？

「去走走吧，」某夜，我在睡前對她說。「明天感覺天氣很好，我們去公園散散步。」

在那之前，我在腦海中演練過一百次，要對J說的話。但一直到我們離開家，搭上公車，我仍然無法放鬆下來——似乎是感覺到了什麼不對，J也不說話。

那天的花博公園天氣很好，我們找了一棵樹，在樹下的長椅，我躺在她的大腿上，瞇著眼看天空。

「天氣好好，真舒服。」J說。

「我有話想跟你說。」

「嗯？」

我把手遮在眼睛上。「……我知道，你很希望我去找個工作，但我真的……很喜歡表演，很喜歡主持，我也知道自己現在還在奮鬥，可是，還是希望你給我一個機會，讓我繼續做這件我喜歡也擅長的事……這些日子，要你跟爸媽解釋，辛苦你了，是我不夠好，沒有辦法給你足夠的信心，你也沒有這個義務去幫我捍衛什麼的。」

陽光耀眼，在我的角度，看不到J的表情，她也沒出聲。

「對不起。」我說。

「……如果真的退出演藝圈，你會高興嗎？」

「不會。」

J繼續追問。「那如果我說，你繼續走演藝圈，我們就分手，你還是想走嗎？」

「……對。」

我的手持續遮在眼睛上。

J笑了。

她摸摸我的頭髮，輕輕地說：「其實我也想過了，這樣做，你不會開心吧？我這樣逼你，你甘不甘願，我也看得出來——**我一直在想，我是怎麼喜歡上你的？好像是看見，你在做著你喜歡的事情的時候，很努力的樣子**，所以我想，如果你離開了演藝圈，也不快樂，變成那樣的你，我說不定也不會喜歡。」

「——是這樣啊。」我紅了眼眶，笑著說。

「所以我仔細地思考過了，」J驕傲地從上往下看著我。「如果我們將來結婚，這個家庭，兩個人有一個人有穩定的工作就夠了，你就去做你想做的事吧。」

此刻別去想後來

我忘了那一天是怎麼結束的，但我知道那一天勢必是某件事情的開始。後來，發生了很多事情，我跟她沒有走到最後，但那都是後話了。在這一刻，對我說出這些話的J，我曾經非常感謝那一刻的她。

很多人的生命中，或許都曾經有過這麼一個人，讓當時的自己願意放下一切，只為了跟這個人在一起，甚至影響了人生的重大抉擇；但如果很遺憾地，最後這個人終究是個「曾經」，也希望我們都不要後悔，曾經想要為這個人做出重大犧牲——因為**能遇見一個人，讓你願意獻上自己的全部，總比漫漫人生路上從未悸動過，來得幸福**。

踩著每一個微小偶然，航向偉大的航道

不是每一個有李安妻子扶持的人，都有機會成為李安。

我深深明白這一點，所以，即便是當時跟我交往的女友J做出「沒關係，你就去追夢吧」的承諾，我仍然不放心自己，沒有信心自己必然能闖出一番事業，畢竟有才華的人何其多，努力的人也滿街都是，而這些人之中，還能運氣夠好、得到伯樂賞識的，那是少之又少。

還在讀研究所時，有一堂行銷課程結束之後，我跟該課程的老師別蓮蒂教授閒聊，提到不確定自己是否該繼續往演藝圈這條路走，她只是笑了笑，對我說：「我相信你走任何一條路，都會有很好的發展。」

我不確定這些人對我的信任從何而來，也沒能順利地將這些他人的信任化成對自己的信心。我在演藝工作上的表現，仍然像茫茫大海間載浮載沉的小船一樣，沒有方向、充滿了不安全感，所以我一邊零星接著演藝工作，也一邊努力完成學業，甚至仍然沒有放棄找暑期實習的機會。

永遠給自己留一條後路——我知道，有許多人認為追尋夢想就應該勇往直前奮不顧身，但，我認為給自己留一條能緊抓著、不用擔心失足的安全索，才是對自己負責任的行為。

航向偉大航道前的千鈞一髮

某天，我接到經紀人的來電。

「豪平，你下個星期有空嗎？要出幾天的外景，去越南。」

「越南？」我在咖啡廳壓低聲音，疑惑地問。「怎麼會有要去越南的外景？」

當時的經紀人克萊爾在電話那頭聽起來明顯很開心。「你有看《綜藝玩很大》嗎？他們節目需要一個代班關主，因為原本的關主無尊上次出完外景之後，水土不服，身體還沒復原，想找一個人代班！你有空嗎？這是個很好的機會！」

我當下很興奮——並不是因為聽到無尊生病所以很興奮，真的不是！而是因為《綜藝玩很大》是當時關注度很高的熱門節目。臺灣多年來，以《康熙來了》為濫觴，衍生出一連串各式各樣的談話性節目，幾乎每一個頻道每一個小時都是滿滿的聊天、說故事，而標榜「敢玩、真實、玩超大」的《綜藝玩很大》，有「本土天王」吳宗憲憲哥跟ＫＩＤ這個「瘋面仔」等不同世代主持人的加持，在週末各種棚內節目林立的狀況下，硬是殺出重圍，成為臺灣當時最受矚目的外景節目……

可想而知，能夠在那樣的節目裡代班主持，會是多麼好的曝光機會？

我二話不說答應，然後就開始規劃後續、打包行李，過去常有出國的經驗，但從來沒去過越南，也沒有跟電視製作組出國的經歷，對我來說，一切都是那麼新奇、令人期待。

當時，我在政大的企業管理研究所就讀已經進入第三年，也就是延畢第一年，接到《綜藝玩很大》邀約的時候正值暑假期間，所以做為一個還在延畢、沒當兵的「在學常備役男」，我必須上網填寫一個政府單位的表格，申請「役男出境許可」，才能順利出國；但這個流程很快，每一次出國前只要花五分鐘就能順利填寫完送出，一點都不花時間。

——至少，出發去越南錄影的前一天晚上，我依然是這麼想的。

那天晚上九點，我收拾好所有行李之後，進行了表格的填寫，卻怎樣都無法送出，沒有出現「申請成功」的畫面。

一開始我並不慌張，心想大概是什麼系統出了問題，但試過幾次都反覆出現同一個錯誤訊息，我的心裡愈來愈不安——要知道，無法申請出國，就無法跟著大家去越南錄影，前一天晚上才發現這件事情，無疑會對寫好腳本、安排好來賓跟流程的製作單位造成巨大的影響，當然，對我也是。

我強忍不安，撥打電話到機場24小時營業的外交部領事事務局辦事處。

「你好，我想請問一下，你們外交部的役男出境許可申請系統是不是在維修中呢？」

「目前系統都是正常的喔。」另一頭的女聲客氣地回答。

「……好，那我想確認一下，因為我明天早上要飛越南，我是役男，但我是學生，我不知道為什麼之前我都可以線上申請，可是剛剛我試了半天都不行。」

「先生，你確定你是學生嗎？」

「是啊，我是，」我緊張地說，彷彿在為自己辯護。「我目前還在研究所就讀。」

對方頓了一下。「等等，你是延畢生嗎？」

「對，我今年第一年延畢……但我有要繼續讀啊！」

「先生不好意思，是這樣的，一般學校在繳交註冊費之前，是不會送出學生資料的，也就是延畢的學生在開學付學費前都不具有學生身分……」

她話還沒說完，我的心臟就彷彿遭受到瞬間重擊。

「……所以你現在並不是學生，沒有學籍身分的常備役男必須要親自前往市區公所進行申請，才能通關，不然至少也要在營業時間，打電話給市公所讓他們傳真許可資料給機場才行。」

——容我在此說明一下，為什麼這件事根本辦不到。

一般市區公所，營業的時間都是早上八點半開始，但我隔天早上的飛機是八點起飛的；如果我要在八點前拿著一份通關資料上飛機，就必須要找到一個在七點半左右有營業的公所，但，這是公家機關，不是私人公司、民營機構。當我從電話中得知這件事的時候，已經是晚上十點，因此辦理的手續勢必要延遲到隔天早上，但我要怎麼在八點飛機起飛前，取得八點半才會有人上班處理的、人工辦理的出境許可？

我心裡很清楚，明天這班飛機，我搭不到！

深夜，我跟經紀人緊急連線，我幾乎是用哭腔在跟經紀人道歉：「對不起！這麼好的機會，我搞砸了！我沒想到會有這個狀況，我不知道我現在不能做線上申請！我真的不是故意的！」

「——你先冷靜，」已經跟製作單位通過電話的經紀人，語氣冷靜地試圖安撫我。「剛剛我跟他們談過了，對方說沒關係，如果你無法趕上，就搭下一班飛機過來，他們會改一個第一天沒有關主的腳本。」

「我完蛋了，我會被《玩很大》封殺，我以後沒機會了……」

經紀人意外地一派輕鬆。「沒事，豪平，不然你試試看嘛，你就直接過海關，說不定海關沒看清楚就會放你過去啊，也說不定你根本就算不申請也可以直接過啊。」

我在電話那頭愣住，政府單位有這麼誇張嗎？

「不試試看怎麼知道？過不了，你再買機票就好了。」經紀人說。

有些事情就是不用試你也知道不行啊，不然你去吃大便，不試試看怎麼知道好吃不好吃？我這樣心想，但礙於之後還要讓她幫我收爛攤子，這些話，我是沒種說出口。

不過隔天早上，我還真的死馬當活馬醫，照著經紀人的話，把行李、護照帶著，一早六點就到了桃園機場，本來想混在眾人隊伍中通過海關，但海關那頭我看不見的電子系統神通廣大，早早地在我經過時把我擋了下來。

我絕望地看著海關另一頭的憲哥、ＫＩＤ緩緩走進候機室，製作人小葉笑咪咪地說「沒關係啦你明天到再聯繫我們。」然後跟著大夥兒一起離我遠去——我心裡很清楚，自己這一次捅出這個簍子，下回要被製作單位繼續指名主持，有一定的難度……我一邊懊惱，一邊在機場看著時間來到七點多，飛機即將關閉登機門的前半個小時。

這時，我想起昨夜領事事務局辦事處跟我說的話：

「……至少也要在營業時間，打電話給市公所讓他們傳真許可資料到機場才行。」

有沒有可能……有人提早來上班呢？

不，不可能啦，現在才七點多，公務人員都很準時上下班，怎麼可能一早就有人進辦公室幫我處理役男的出境許可？但如果運氣好，真的有人上班的話……我現在只要打通電話，也許就有能進入區公所系統的人能幫我傳真許可資料……

機率極小，但我還是打了這通電話。

嘟……嘟……嘟……

我抓著手機，手裡拖著行李，看著機場的時鐘指針往七點三十分又移動了一個刻度。

嘟……嘟……嘟……

身旁的旅客一個一個經過我，將行李放上出境櫃檯，然後往海關走去。

嘟……嘟……嘟……

就這樣了吧？我無奈地準備掛斷電話。

「新莊區公所您好。」

「……？」

「喂？新莊區公所你好，有需要什麼幫忙嗎？」

我不敢相信自己耳朵聽到的，來自電話另一頭的聲音。

「我要出國！我是役男，我在機場！我要辦出境許可！」還來不及弄清楚發生什麼事情的我，興奮到發抖，飛快地在電話中告訴經辦人員我的身分資料，然後我跑回外交部領事事務局櫃檯，領取了由新莊區公所傳真到機場的役男出境許可資料。

彷彿拿到尚方寶劍，我辦理出境，過了海關，穿越重重旅客，來到候機室，開心地與候機室的眾人揮手——於是展開自己為期五天的「越南玩很大」之旅，同時，那也是我在《綜藝玩很大》為期四年的關主旅程的起點。

後來我才知道，前一天有個輕颱掃過臺灣北部，似乎按照新北市政府的規定，區公所需要在這種狀況下隨時派人待命——也就是說，為了因應市民在颱風災害下的緊急需求，才有人在早上七點就出現在區公所。

一場輕颱，一點運氣，一顆定心丸

在那之後，我因為在「越南玩很大」的表現受到肯定，開始加入了《綜藝玩很大》關主群的陣容，隨著製作單位在世界各地東奔西跑，走過柬埔寨、日本、澳門、韓國、新加坡、馬來西亞，甚至來到瑞士，在阿爾卑斯山頂扮裝成阿爾卑斯山的少女小蓮、網球名將費德勒，或者在非洲的大草原上扮裝成狒狒，也在澳門塔上一躍而下，挑戰了我從來不敢想像的極端恐懼——五十幾次在世界各地穿梭的外景經驗，不僅充實了我的護照簽證內頁，也讓我見識了許多世界美景，諸如吳哥窟的日出、瑞士馬特洪峰的雪景、跟乘坐在熱氣球上看見的非洲草原奇觀。

那四年的繞著地球跑，不僅為當時猶疑是否該放棄演藝圈的我帶來一線曙光，而且就算後來離開了《綜藝玩很大》，都還是有人因為那幾年的演出，叫我「關主」而不是黃豪平——這一切，竟是因為那年我將出發去「越南玩很大」之前，那場輕颱的推波助瀾。

曾有紫微斗數的老師看過我的命盤，說我命帶祿馬，會時常出差到處跑，那時我還不知道，竟會是這種程度、這種形式的「到處跑」。

後來，那些不知是否該離開演藝圈的掙扎思索，都因為這個轉機煙消雲散——在演講時，說起這段讓我定下心待在演藝圈的奇特故事，我都將功勞歸給那一場颱風，是它讓我即時趕上一個被大家看見的機會、找到了一個在演藝圈的定位。

但也有同學舉手表達意見：「如果不是你堅持打那通電話，你也不會得到這個機會啊，追根究柢，那還是你的堅持讓你往下走的。」

是啊，但多年來，我體認到「努力只是入場券，最後一里路要交給運氣」，我很清楚，沒有這些努力，我不會走這麼遠，但要是沒有一分運氣，我可能連起步都沒有機會……認知到自己的渺小，及命運的巨大，才能真正謙虛地感謝這一切的機緣巧合，並更加珍惜那些因為巧合而疊起來的、通往成功的階梯。

另一個巧合，也許就更少人知道了：當時《綜藝玩很大》的製作人，就是以前《超級模王大道》的製作人——若不是我曾因緣際會在《超級模王大道》磨練，若不是剛好這位製作人也成為《綜藝玩很大》的催生者，也許，當無尊生病，臨時需要一個代班主持人的時候，黃豪平這個名字根本不會在萬千可能之中脫穎而出。

命運如此曲折，又如此巧妙：如果我沒有參加超級模王大道，如果這個節目沒有因為光怪陸離的模仿表演爆紅，如果沒有這個製作人因為上一個成功而開創新的外景節目，甚至，如果沒有那個輕飀，如果無尊沒有一時吃壞肚子……少了其中任何一個環節，如今可能就是另外一個人，寫下這本書裡的所有文字，述說著另一個人的人生與想法。

可能不會是我，在這裡說著那些驚險的瞬間。

是每一個微小的偶然，才讓我走到這一步——若真要歸功於努力，那麼，或許該說是我努力抓住了那些偶然的瞬間吧。

第二部

站穩腳跟別摔倒，接著，開始跳舞？

試圖不墜落地獄的十分鐘

二〇一三年，我在卡米地俱樂部開始上台演出，見證了脫口秀的偉大，而二〇一五年，我在網路綜藝節目《奇葩說》的參賽，則讓我意識到自己的渺小——數年來，我努力地去縮小這偉大與渺小兩者間的差距，只為成就我曾親眼見識的偉大、接近我心目中所認定的目標。

進入《綜藝玩很大》之後的第一年，即便跟著憲哥、ＫＩＤ跑遍世界，得到一些觀眾的關愛，成為大家心目中的「關主」，我仍然覺得有些不安，思考著「雖然奇裝異服跟著節目到處跑很好玩，但我要一直做這件事情到幾歲呢？」對於自己在演藝圈的定位，我並沒有非常明確的認定，絕大多數的時間，我還是在各大綜藝節目串門子、跑龍套；當時的我大約二十六歲，但已經開始擔憂，只因想像不出在這個圈子裡自己三十歲時的模樣。

某天，當時的經紀人諾諾傳來一個通告邀約，來自當時收視率最高的談話性節目《康熙來了》，標題是「誰說我的藝人是阿斗？」，企劃內容相當赤裸，大致就是要邀請我跟經紀人一起上節目，由「覺得我應該要紅起來卻沒紅」的經紀人向主持人推薦我，並一起探討我紅不起來的原因。

「要去嗎？」訊息這樣寫，諾諾似乎有點擔心我會受傷。

「有什麼損失？」我苦笑地回。確實，也沒什麼好失去的。

赤裸裸的「紅不起來」

錄影當天，我和幾位「紅不起來的藝人」，跟著自己的經紀人一同坐進攝影棚，製作單位安排所有藝人全都背向主持人，由康永哥、小S姐輪流點人轉身訪問，加上沈玉琳、趙正平跟黃國倫這幾位來賓，針對這些藝人「不紅」的原因進行點評。

「如果主持人覺得沒有必要轉身，可能就會整場都背對喔！」工作人員跟我們開玩笑。

說是玩笑，實際進到攝影棚時，當我跟其他藝人一同背向主持人坐定，一直到開錄都不知道身後發生什麼事情，幾乎就像是這些年在演藝圈裡邊緣人的感受全在這集節目裡被具象化了似的，心裡五味雜陳，甚至真的有點害怕，自己會不會就連在這節目裡也沒有機會轉過身被觀眾看見？更別提當樂隊老師音樂響起、主持人開始妙語如珠，而自己仍然對於在這一集會被怎麼樣「點評」一無所知，心中的不安變得愈來愈張狂。

「……這一位，我們認為是黃子佼的接班人。」輪到我時，諾諾這樣介紹我。

「應該不用轉身了吧？」小Ｓ一如往常的犀利，對著康永哥笑道——我聽見大家在我身後大笑——還接著補槍：「黃子佼還活得好好的啊！他要死還很久耶！」

「這是我們的目標啦！」諾諾試圖力挽狂瀾。「而且他多才多藝，建寧老師都說過他可以出唱片！」

康永哥笑著問旁邊的來賓：「你們都會這樣對來賓說客套話嗎？」

沈玉琳：「大部分都是打發對方……我知道他是誰啦，他不算無聊，可是說有趣也不至於。」

「應該是說他特色不夠。」趙正平補刀。

我冷汗直流，即便其實主持人跟來賓的玩笑多半為了綜藝效果，但可以感覺到身旁的經紀人很努力地在說服來賓「我的藝人真的很棒！你們給他多一個機會好嗎？」我用自己的背影不斷地綜藝摔，一方面爭取鏡頭，一方面也真的是表達無奈，但心中不免有一絲懷疑：自己是否真的這麼不堪？

好不容易轉身之後，眾人的輪番砲轟，仍然讓我難以招架。那時的我，本來就不夠有自信，面對兩大主持人跟資深前輩來賓們的揶揄，我愈是以模仿和搞笑試圖爭取表現機會，就愈是顯得慌張，眼看著無法得到大家的認同，諾諾此時也急了，一直不斷試圖補充我的優點，第一次上電視的她，看來十分慌張。

「但他的口條非常溜！他以前是辯論社的，他可以去辯論！」她仍然不放棄。

其實諾諾這樣說，我是有點心虛的，雖然我高中時參加辯論比賽拿過最佳辯士，大學也曾經代表系上去參加辯論比賽，不過我始終沒有加入辯論社，也都是靠本能在辯論，沒有受過什麼專業的訓練——也許是慌了，諾諾想把所有想得到的優點都攤在大家面前，阻止大家的嘲諷。

但聽到辯論這個關鍵字，康永哥好像嗅到了什麼，追問道：「所以他是一個可以認真辯論的人嗎？」

他對「辯論」這兩個字有反應，是非常合理的——當時，網路上有一個綜藝節目《奇葩說》，是一個流量破億、人氣爆表的辯論競賽實境秀，來自四面八方的每一個選手，從馬來西亞、新加坡的辯論賽冠軍到政黨發言人、脫口秀演員，全都辯才無礙、敢說敢講，以完美的邏輯搭配口語表達能力，輔以喜劇的肢體呈現，席捲了當時華語圈網路，成為現象級的節目。

蔡康永就是這個節目的主持人之一，身兼主持、評審，甚至有時候跳下來辯論，其中「該不該向父母出櫃」的申論，聲淚俱下、鏗鏘有力，在臺灣的網路社群也獲得了非常高的轉發分享率。

「……他是一個能夠鎮定地、想好要怎麼用跟別人不一樣的手法呈現一件事情的人嗎？」康永哥試圖詢問，但諾諾突然愣住了。

眼見經紀人愣了一下，他直接轉向我。「好，黃豪平，前面我們聊到你的目標，對於租房跟買房，你是想要買房的對吧？」

「我是想要買房。」我回答。

「那現在我給你一個題目，我等等跟別人聊天的時候，你就要想一下，要如何主張買房比租房更適合年輕人，你有三十秒的時間，如果你講的是很乏味的道理，就表示你不適合辯論這條路；可是如果你在三十秒內講出很有意思的立場，我就會把你推薦到辯論節目去。」

大家都知道康永哥指的節目，就是那個超紅的《奇葩說》。我還來不及做出反應，已經聽見現場有幾個人倒吸一口氣的聲音。

「康永，」黃國倫老師笑著說。「你知道你給他多少壓力嗎？他這一生的機會都在三十秒內要完成耶。」

「如果你丟給我這個題目，我就會想說退出演藝圈算了。」小S大笑。

只許成功不許失敗的十分鐘

眾人笑成一團，但屬於我的十分鐘準備時間，已經開始倒數，康熙兩位持續訪問其他還沒轉身的來賓，而我人依然在現場，心卻像是遠遠被拋到荒島，我依然盯著前方的攝影機，心裡卻不斷思索著要怎麼切入這個論點才會有趣，右手的食指不斷摳著拇指的死皮，全身每個細胞都在瘋狂焦慮著。

如果我表現得好，我將有機會前往《奇葩說》；如果表現不好，以《康熙來了》的高知名度，我的失敗將會以等比級數的速度在網路上流傳——結果不是天堂就是地獄，我沒有出錯的本錢。

但我現在連擔心出錯的時間都沒有，就連經紀人諾諾時不時投射「你可以嗎？」的眼神過來，我都無法回應，我必須在十分鐘內想清楚同時具備有趣跟有邏輯的論點，才能度過這個難關。

「你現在有沒有一點點可以講的東西了？」訪問完一輪來賓，小S的注意力再度回到我身上，她不知怎麼地透露出一點為我擔憂的神情。

「可以呀。」我故作輕鬆，但心裡很害怕。

康永哥微笑。「黃豪平來，站起來吧。」

看向鏡頭，我深吸一口氣，開始這場出道以來對我來說最重要的論述。

「年輕人要買房還是租房？我認為年輕人應該要買房，如果你正站在這個決定的交叉點，你在決定要買房還是租房，你就是我們的製作人李國強，為什麼呢？」

我瞥見趙正平露出疑惑的表情，似乎對於突然提到一旁的《康熙來了》製作人名字有些不解。

「——你做著《康熙來了》，你是要有蔡康永還是要有陳漢典？如果你買房，就像擁有蔡康永，從不缺席，非常穩定；如果你選陳漢典，你就是看他常常缺席、找人代班，價碼還不斷地往上漲！」

康永哥點頭著「嗯」了一聲，似乎覺得有些意思。

「如果你買房的話，你從此擁有了自由，不再被禁錮！如果你租房，你就要忍受房價不斷地上漲，很有可能租金也會一起往上爬，所以！現在買房，久久長長，Buy A House，No More Loss！」

我停下，全場歡呼，眾人驚喜地鼓掌。

喘著氣坐下後，聽著面前的主持人討論剛才的那三十秒，不管是從論述角度、押韻，還是比喻的巧妙，都得到了肯定與讚許，這些好評讓我有些不可置信，甚至清楚地感受到，所有人看我的眼神都不一樣了，就連憂心忡忡的經紀人都開心到掩不住笑意——這三十秒，不會是我做過最好的論述，甚至稱不上是段辯論，但是在那時候，我萬分感謝自己勉強扛住了這突如其來的考驗。

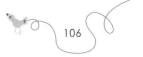

節目播出後，不管是ＰＴＴ還是YouTube，都對我的表現刮目相看、嘖嘖稱道。節目中，在那三十秒之前與之後，來賓對我的態度反差，更強化了這段「死裡逃生」的奇蹟程度——現在想來，我真的太有種，竟然敢上這種節目，還接受了這種挑戰！

我準備段子的那十分鐘在想什麼？為了寫下這段往事，我在八年後回頭重播了這段影片，影片中，我聽不到節目裡那個黃豪平心裡的獨白，但當「那個黃豪平」講完三十秒，坐下的那一剎那，我看見他手按在胸口喘了口氣，當時的恐懼與興奮，又回到腦海中。

我知道，後來有很多人質疑那個段子是不是蔡康永事先做球給我，以合理地幫我黑箱進《奇葩說》。我想，愈是這種無法證實的陰謀論，愈是容易被繪聲繪影地傳述，但我還是很樂意再一次鄭重澄清：這不是一場事先安排好的演出，不管是我本人、經紀人，都不曾跟製作單位有任何串通，當時的我，演技也沒有好到能夠將那麼真實的慌張與細微的恐懼演繹出來。

也許過去在《全民大悶鍋》模仿「ＹＡ教授」的寫本速度，和《超級模王大道》磨練的即席反應，都是在幫助我度過這十分鐘的難關，避免在眾人面前，墜入地獄。

在那之後，過了幾個月，我踏上《奇葩說》第三季的舞台，也在這個節目上，就此對「說話」這回事真正拓展了眼界；我不敢說自己已經成功地飛黃騰達、躍上天堂，但確實，若沒有在那個節目見識自己的渺小，不會有現在戰戰兢兢努力往前的黃豪平。

事實上，康永哥為我打開的，不是通往天堂的大門，而是修羅場的鐵閘。這個突如其來的考題，後續帶給我的，不僅僅是全新的曝光機會，還有一連串影響我至今的深刻震撼教育。

見識真正的奇葩，見證自己的渺小

早在參與《奇葩說》這個綜藝節目之前，我就已經是這個節目的忠實觀眾了。

這個以「辯論」做為主軸的網路綜藝節目，無論是在議題選擇到來賓特質的各種面向，在在挑戰著傳統思維，每一季都創造了驚人的點閱跟討論。選手在節目上的各種驚人之語，每每竄上微博熱門搜尋關鍵字，透過無遠弗屆的網路，就連臺灣的社群媒體也都能看到一些震撼人心的申論與交鋒，以及那些充滿魅力的靈魂在舞台上碰撞出的精神火花。

接受了康永哥在節目上提出的挑戰，並且順利交出還算過得去的即席演出之後，我的經紀公司正式收到了來自《奇葩說》的邀請，說是看到了我在《康熙來了》的那段即席辯論後，決定邀請我到北京參加海選——我心想：見鬼，原來還要通過海選去錄影？我以為康永哥已經說好要把我偷渡進節目了——事後想來，其實也是合理萬分，如果我真的不分青紅皂白就被康永哥塞進節目，萬一表現不好，那是砸了他的名聲，更是讓我冠上「靠關係」的頭銜，對誰都沒有好處。所以，拿出更強的實力通過海選，才是正道。

跳上修羅場，迎接超強度淬鍊

節目組丟來的題目是：「不善社交會不會被社會所淘汰？」

這種看似簡單的題目其實最麻煩，既要提出與眾不同的論點，又不能顯得過度誇張。我開始每天研究過去《奇葩說》已播出的集數內容，在手機和電腦裡輪番重播，甚至找到了網路上正版授權的節目聲音檔，在上下課的通勤時間裡複習。

同樣是看節目，平常做為觀眾跟認真為了海選做研究，卻有著截然不同的切入觀點——這個節目確實有它獨特的魅力，但除了議題的豐富性跟來賓優異的口條外，真正讓這個節目跳出尋常談話性節目框架的，是它獨特的「勝負判別機制」：

首先，賽前會將選手們分成特定議題的正反雙方，開場前則會由現場一百位觀眾進行投票，判斷出觀眾對於此議題的原始立場。

接著，辯論進行期間，觀眾可以依據節目上的所見所聞，隨時選擇改變或維持自己的立場，也因此場上的觀眾立場票數會出現此消彼長。

最終，雙方完成結辯後，觀眾進行最後一次投票——勝負在此底定，但不是依照最終結果的多與少來進行判定，而是「哪一方的票數增加了」。也就是說，如果兩方的原始立場票數從十票對九十票，變成了十一票對八十九票，即便其中一方壓倒性的多，還是會判斷增加票數的「十一票」贏過「八十九票」。

這樣的賽制，呈現出的是「思想流動的視覺化」，也就是當每一位辯手表達自己的立場時，他們所有的言行舉止所造成現場觀眾的想法變化，都會即時地呈現在螢幕上——你會看見，突然間某一方立場因為辯手講得太好而突然漲票，也可能因為看見辯手支吾其詞而使得票數一瀉千里。

我思考，在這樣的狀況中，該追求的不只是論點的扎實有道理，更該考慮的是自身的渲染力如何擴張，必須能夠引起評審興趣、勾起評審共鳴、進而說服觀眾。

當時我的論點是這樣的：

「不會社交會不會被社會所淘汰？我的答案是，不會！我崇拜的荒謬大師沈玉琳說過：『做節目最擔心的，就是第一集做爛了，但是收視率很高！』為什麼收視率很高，對於一個爛節目來說是不好的呢？因為當我把一個節目用力包裝行銷出去，大家卻發現這是一個爛節目的時候，就只是讓更多人見識到這個節目的爛，接下來就不會有人想看、沒有贊助、沒有冠名了。

套用在人身上，你沒有實力卻空有一身社交的好身手，只是加速自己壞名聲的傳播、加速自身的敗亡。

美國蘋果電腦的創辦人 Steve Jobs 的自傳，整本都在說他如何眾叛親離，最後卻改變了全世界用電腦跟手機的習慣，因為這個世界需要他；臺北市長柯文哲，做為一個亞斯伯格症患者，嚴重缺乏社交技巧，但為什麼可以一路從醫生做到市長？因為這個世界需要他。

你們知道嗎？我在臺灣的演藝圈，有個『臺北灰姑娘』的稱號，因為我每次工作到將近十二點，大家想說錄影完去續攤聊天，我都會趕著回家，不然末班車搭不到就回不了偏遠的住處……沒有辦法跟人社交的我，有被社會淘汰嗎？沒有！相反地，我還站上了《奇葩說》的舞台，站在你們的面前——如果一個人要靠社交才能得到應有的機會，那我今天根本不會站在這裡，一個好的舞台，淘汰人的理由，應該是因為我的實力不足，而不是社交技巧不足！

這個社會之所以進步，就是因為大家比較的是實力，而非社交能力，我想告訴大家，『只會Social，等著出糗；實力在手，天下我有！』」

從開頭看似跟「社交技巧」八竿子打不著關係的「沈玉琳理論」，引出「社交會讓你無法藏拙」的立論，再從國外的例子一路回到自身，在強化論點之餘順手捧了一下《奇葩說》的舞台，再用有押韻的金句作結……這段論述，順利地讓我在《奇葩說》第三季的海選現場，通過所有現場評審的認可，加入了由蔡康永領軍的戰隊。

接下來的半年，我大概飛了北京三、四回，在名為「星光影視園」的攝影棚園區裡，跟著來自亞洲各地能言善道的妖魔鬼怪們，夜夜琢磨字句，只為了隔天在場上的正式錄影中，能扳動對方支持者原先堅定不移的思維。

「唯有不要臉，我們才能知道社會的極限，也才能知道社會可以進步到什麼程度！」

這是我在辯題「臭不要臉是不是一件壞事」中，提出的理論，得到了全場八十二票比十八票的懸殊勝利。

「愛上人工智慧是將就，我們愛不到人，所以我們將就去愛人工智慧……但將就不是愛，將就是因為你無奈。」

這個悲情論點，是我在「愛上人工智慧算不算愛」的辯論中所提出的。以上這些金句都被收入到第三季節目的「精華語錄」中，名留青史……吧。

雖然有這些不錯的比賽成績，但打了六次的比賽，卻只有這兩場真正被大家稱讚，因為我的表現在第三季十分不穩定，即便有時靠著逗趣的模仿激起大家的興趣，也曾用出彩的立論打破大家既定印象，但絕大多數，那些「妖魔鬼怪」的銅牆鐵壁防護，都讓我的自信不斷動搖，無法穩定輸出高品質的觀點。

這些來自亞洲各地的選手，如邱晨、黃執中、馬薇薇，大多是國家級的辯論比賽常勝軍，而就算不是專業的辯論選手，也可能如花希、肖驍、姜思達等，是具備極高語言天賦的創作者；每個通過層層海選才來到棚內進行錄影的選手，不僅擁有牙尖嘴利的基本配備，而且全都磨刀霍霍，因為他們知道，只要在《奇葩說》的舞台表現傑出，能得到的流量紅利絕對遠超出原先工作的收入，所以每個人都卯足全勁準備，絲毫不敢懈怠。

每次走進後台，總是能看見焦慮的選手們，拿著自己的稿在化妝間的鏡子前面反覆背誦，時而搖頭時而掏出筆修正，力求在上台前能琢磨好最後幾個字，哪怕扳動一票，都是致勝的關鍵——但這些在後台焦慮的選手們，一踏上正式錄影的華麗舞台，又每每都能將焦慮化為激情，再將激情渲染到全場百位觀眾的心中——那一刻，在場的我，除了佩服，更感受到自己的渺小，也真切地感受到「最可怕的事，是那些比你聰明的人也比你更努力」這句話的意義。

累積每一道微小波瀾的製浪者

我並沒有打進決賽，那些不夠穩定的表現讓我在決賽前一集，正式遭到淘汰。

雖然無緣平分決賽獎金確實讓我有些失望，但我對這個比賽表現並不意外，因為這些可怕的選手每次的表現能帶來的歡呼巨浪，都遠超過我拚盡全力所能激起的小小波瀾。也因此，即便打完了第三季，奇葩說為我帶來的流量紅利也極其有限，在臺灣根本無人矚目，也似乎沒有人在意我的表現如何。

我在這個舞台，看見了語言藝術的無窮可能性，卻也看見了自己當時的極限。

而其實，比賽中間的懊惱，也還有一個——當時，兩岸關係緊張，臺灣選舉將至、群魔亂舞，每一個公眾人物的言行都會被無端放大。做為一個到北京參加節目錄影的臺灣選手，「我來自臺灣」的身分也引來了一些質疑，甚至那年當紅韓國女子偶像團體 Twice 的臺灣籍成員周子瑜深陷國家認同政治風暴時，我私下在臉書上為周子瑜抱不平的憐惜言論，也遭到不知名臉友的截圖，在對岸的論壇上引來各種抨擊，甚至影響了《奇葩說》製作單位節目播出的宣傳與剪輯。

有段時間，我常常會思考著，如果那時候我說了、或沒說某句話，會不會有些不一樣的結果？如果在比賽當中，我再多小心應對，會不會能在某一場、某一段順利擊敗對手，成功晉級到決賽？這些遺憾，一度讓我十分消沉，對於自己浪費掉一個寶貴的舞台、揮霍掉每一個提拔我的人給予的機會，感到十分懊惱。

馬東老師說：「被誤解，是表達者的宿命。」

我到近幾年，才慢慢理解這句話。

隨著《奇葩說》節目名氣的水漲船高，節目的議題時常遭到網友的質疑與挑毛病；甚至其中許多原先高人氣的選手，也因為政治、性別議題的相關言行，而遭到抵制或網路霸凌——我突然驚覺，這並不是一個我們覺得自己把話說好、把事做好，就能有所回報的世界。

有個前輩曾經對我說過：「空虛的靈魂，容易擁有極端的觀點。」

無論是任何立場，都可能產生極端的觀點，而這些空虛的靈魂一旦聚集成了擁有巨大實體的假象，就會使得極端觀點產生殺傷力，造成實質的傷害；也因此，即便你以為自己當時說了或沒說什麼話，那都不重要，因為在別人眼裡，你的表達並不屬於你自己，而屬於那些持有極端觀點的人，一切只能任由他們各種花式詮釋。

既然我所說的、我所做的，都無法絕對地為我們的人生導航，那又怎麼需要為了當下的決定跟表現感到遺憾？我們能決定的只有自己，能確定的，也只有自己在當下所學習到的一切。這些看似心靈雞湯的思考，都是我在輿論風暴之後得到的深刻覺悟。

《奇葩說》比賽結束了，裡裡外外的各種紛擾與煩惱，也隨之慢慢復歸平靜，我漸漸放下對當時自己表現不夠好的懊惱，將這份懊惱轉換成進步的動力——我積極鑽研語言藝術能產生的變化與影響，穿梭於各大綜藝節目「辯論」相關主題的集數，甚至在近幾年產出了自己的語言表達與思考課程，並且與志同道合的朋友，一同打造出屬於臺灣自己風格的辯論綜藝節目《抬槓大神》……

《奇葩說》的舞台之後，我並沒有停下腳步，而這或許才是最重要的，因為每一個當下都只存在於當下，而當下往往是渺小的；但集結每一個渺小如沙的改變，也能堆成一片灘頭，將巨大的海浪消弭於岸上。

差點翻車的人生轉捩點

身為一個曾經的媽寶、在別人眼裡很會考試的「學霸」，我必須承認，在三十歲以前，我並沒有經歷過多大的挫折，但那一段順遂的人生中所沒有機會流下的淚水，彷彿像約好一樣，全在二〇一七上半年一起湧向我——因入伍服役而失業，也在服役期間失戀，這些似乎在別人眼裡看來很老套的挫折，發生在自己身上時卻是扎實的衝擊，讓我消沉了很長一段時間。

目前為止的人生經歷中，有很多特殊的轉捩點，其中多數是引領我變得更好，但也有像這樣的時刻，在接連而來的打擊下，差點「轉不過去」而打滑翻車。

等我回來

得知要入伍服役，是在我某一次預定錄製《綜藝玩很大》的前兩週，我接到之前報考的「替代役公益大使團」通知，準備要入伍服役，連忙打電話給《綜藝玩很大》製作人小葉，告訴她下一次的錄影，就是入伍前最後一次錄影，她只說：「啊，好的，那我就盡快加速計畫，沒事，你就來，我們結束後好好吃個飯。」

到了錄影當天，我仍然當作自己是要以關主「蔡康永」身分主持節目流程，但所有來賓都出現了，卻只有憲哥遲遲未出現，我們所有人站在開場點，製作人說「憲哥遲到了，你們先開場，他等等就到。」然後就要我主持開場——後來的事情，大家從《綜藝玩很大》在新店烏來錄影的一三六、一三七集影片應該都能看到——憲哥以「關主」的身分出現，宣告大家從這一集開始自己就是關主，而我身上的服裝則被工作人員扒掉，換上了黃色的隊員制服。

原來為了歡送我，《綜藝玩很大》紅隊特別設計了一集把我瞞在鼓裡，讓我擔任隊員好好玩一次——我受寵若驚，但也沒有特別告訴其他人我即將去入伍服役的消息，甚至也以為大家都不知道，直到最後遊戲結束，ＫＩＤ拿出一個由紅隊製作的獎牌，上面寫著「一日玩很大，終身玩很大」，我才忍不住潰堤。

「欸，你平常冠冕堂皇的話講太多了，你可不可以認真地、誠懇地用一句話跟我們說再見。」ＫＩＤ有些挑釁地對我說。

「……等我回來。」

我哭著說，然後ＫＩＤ露出微笑。「可以！」

於是我們所有人抱成一團。

後來，我看見有些網友對這一段感到不以為然，覺得去當個兵有什麼好哭的？現在當兵一年就過了，這麼輕鬆，幹嘛想得這麼嚴重？但站在我的立場，我確實會怕，我怕被遺忘、被取代，這樣一年對於許多男藝人來說都是惡夢，一年的中斷很可能會讓自己的空缺被其他同類型的藝人替補；再說了，《綜藝玩很大》是我被大家看到的起點，我也在這裡漸漸找到自己在演藝圈裡的定位，這是一個對我來說像家一樣的地方，離開怎能不難過？

但木已成舟，入伍已是事實，離別更無法避免——在最後一次錄影後，我跟憲哥、ＫＩＤ、製作人、工作人員們揮揮手，正式卸下了將近四年的關主身分，也將所有的演藝工作暫停，準備登上成功嶺，迎接未來一年的替代役生活。

「**我們等你！**」所有的合作單位，都用各種不同形式或句型表達了近似於這句話的鼓勵，但一直到我剃了光頭，搭上往成功嶺的巴士，我都無法擺脫自己對於未來的恐懼：這些人真的會等我嗎？有眾多男藝人的前車之鑑，我實在不敢把那些承諾看得太重、太肯定。

而接下來，重重地向我的人生揮出一拳的，則是失戀這件事。

老套的故事，最心碎

我明白對很多人來說，失戀真的就是小事，不過是言情小說常見的兒女情長，在漫長人生中完全稱不上是能撼動生涯軌跡的大事件。然而對我來說，二十四年從未交過女友的我，在經過四年的愛情長跑、見過雙方父母甚至論及婚嫁之後，遇到「兵變」這種體驗，就像一個從未感冒過的人，在沒有抗體的狀況下直面魔王病毒的侵襲，那是會死人的。

就跟所有兵變的故事一樣，我從當時女友J的身邊缺席，我以為堅定的愛情也出現了漏洞。某天，她在公司同事的婚禮上擔任伴娘，結識了伴郎，加上身旁新娘同事的推波助瀾，讓她的心中對於「穩定生活」更多了幾分嚮往，於是開始跟這個伴郎約會，逐漸無法自拔。

我為什麼會知道？還是那句老話「就跟所有兵變的故事一樣」，我在女友逐漸冷漠的過程裡，忍不住看了她的電腦、翻閱了她的私訊對話。

先別罵我，**我可以解釋！**

……好吧，**我不能解釋**，我就是犯賤。

那是一個她宣稱「要去參加朋友婚禮」的下午，我回到臺北的共同住處，為了查明為什麼這些日子，她晚上總是沒有耐心講完電話、對我的服役生活興趣缺缺，甚至在我好不容易得來的珍貴電話時間催我去睡，我不顧「知道這樣不對」的心理掙扎，打開了她的電腦，看了她最新的對話——原來，朋友婚禮後的「續攤」根本不存在，那些曖昧的對話在在顯示了有一場私下的約會，以及兩人持續已久的每日噓寒問暖。

隔了一個週末，我強忍氣憤跟難受，在共同租屋處對她攤牌。

「——我都知道了，你跟他約會的事情。」

「你為什麼會知道？」J質問。

「我看了你的電腦……」我的語氣裡，冒出了一些不確定該不該由我承擔的心虛。

J暴怒，握緊拳頭，全身發抖地看著我。「你怎麼可以看我電腦？我這樣很赤裸！你怎麼可以這樣對我？」

我心一慌，無暇計算到底此刻誰該多愧疚一點，連忙開始道歉：「對不起！我不應該看的，但我真的很擔心，因為你最近……」

「閉嘴！」J漲紅著臉大吼。「我今天不想看到你，你出去！」

遭到女友反過來指責的我，無力地癱坐在地板上——而背對著我一動也不動的她，沒說半句話，就只是坐著、把頭埋在雙膝之間，不確定是想阻止罪惡感還是我的隻字片語鑽進她腦海——此時的我，看看牆上的時鐘：23點58分，正是逼近凌晨的午夜時分。

身為喜劇演員，我在那個極端劍拔弩張的狀況下，竟開始默默倒數「今天」的流逝。

23:59:58，23:59:59，00:00:00！

「那個……」我低聲問，語氣滿是不安。「『今天』已經過了，那我們可以談了嗎？」

我不確定當時J是怎麼樣把我攆出去的，但當我回過神來，我已經站在租屋處對面的破舊旅店，準備登記入住——直到現在，我還是覺得整個情節荒謬得很幽默，非常情境喜劇。

沒有誰在等我？

一兩週內，我們就分手了。我整個人就像是溺水一樣，全天二十四小時都沒有踏在地上的實感，日日以淚洗面，跟同寢室的役男訴說我失戀的悲情，說得鉅細靡遺，導致我重複講了一兩個月後，他甚至把細節記得比我還清楚。

當然，失戀少不了失眠這個標準過程，即使是在睡眠時間無比寶貴的服役期間，我還是無節制地浪費掉那些深夜，將每一刻都拿來憎恨自己的衝動、指責自己的無能。

說也奇怪，那個替代役的辦公室，全辦公室有四十幾個人，包含我位置在內的兩排役男，將近二十個人都在同時間經歷「兵變」，現在想來——那邊風水是不是不太好？

分手後的幾個月，中秋節的某個夜晚，所有的替代役男，在宿舍的中庭烤肉、唱歌，辦起了露天烤肉演唱會；當我正吃著定番的烤肉片配吐司時，有個役男在醉意下靠近，指著我大喊：

「豪平！你也分手了！我也分手了！大家都分手了！沒事的！我們都會很好的！」

他轉向大家，繼續喊話：「我們被關在這個狗屁替代役宿舍，是那些人沒有眼光！我們會很好的！敬重生！」

我哭了，大家也都哭了，現場十幾個在服役期間跟女朋友分手的役男，全都拿著啤酒乾杯、在眼淚中怒吼著髒話，咒罵那些對我們造成傷害的人。

「敬重生！」我舉杯，一口飲下那辣到我至今仍無法承受的苦澀。

然而，重生不是一件這麼簡單快捷的事。失戀這件事情對我造成的衝擊，不僅僅是失去一個曾經很深愛的人，而是因為，如果一個曾經抱著我，承諾「會等我回來」的女孩，都能輕易地在寂寞的驅使下琵琶別抱，那麼，與我非親非故的公關公司、活動公司、電視製作公司，真的能信守承諾，將演藝工作的空缺留給我，直到我退伍重返江湖？還是，我就跟其他那些服役後就遭到遺忘的男藝人們一樣，面臨「一代新人換舊人」的窘境？

我的一切疑惑跟不安，在替代役公益大使團的服役生活裡，不斷累積。

說出口的善意

先來說說公益大使團吧。基本上，這是內政部役政署替代役的某個類別，集結了全臺各地具有特殊表演天賦的替代役男，有人擅長唱歌、跳舞，有人像我一樣擅長主持或者演戲，我們在經過成功嶺兩週的基本訓練之後，就會被分發到南投草屯，展開一年左右的替代役生活。

我們的勤務，就是隨著團長的領導，到全臺各地的偏鄉、弱勢或者學校進行演出，所以平日我們也就是在辦公室或者倉庫，排練、規劃各種不同的演出——乍看輕鬆，但因為辦公室位在南投，每天也都需要回宿舍點名，所以我們的活動範圍極為局限，大部分時間都不能到超過臺中以外的地方。

在公益大使團裡，我的工作是節目總監，需要幫大家安排出團的順位，以及演出類型的順序。在失戀後的前幾個月，我用工作的忙碌來麻痺自己，平常時間也積極健身，想要用強化身體時帶來的疲倦與痠痛，蓋過心碎的痛，所以我硬是把自己的生活排得很忙碌，完全沒有任何娛樂跟旅遊的想法，回臺北也只是待在家裡發呆，沒有其他行程。

有一次，我帶領著公益大使團，來到臺中某個夏令營的現場，擔任主持人的我扮起了蝙蝠俠，笑著在眾多國小學生的面前，歡迎一組又一組的表演者；我們所安排的演出非常豐富，大家也笑得很開心，但只要在我不需要主持的空檔，就算周遭還圍繞著那些歡聲笑語，思緒依然會不由得飄往那些令人難受的事。

「叔叔！你是《玩很大》的關主嗎？」一個綁著辮子的小妹妹，突然把我從發呆中拉了回來。

……是哥哥喔。我心想，但沒有說出來。「是啊！妹妹你好！」

「你怎麼都沒有去《玩很大》了？」妹妹很直接地問。「我們全家都很喜歡看你！」

「啊，沒辦法，哥哥在服役啊，」我強調了哥哥的重音。「服役期間就不能去電視台錄影的。」

「喔……」妹妹好像沒有太了解我說的話，停頓了一下。「那，我們等你回來。」

——等你回來。

合作過的單位，說過這樣的話。

那天在租屋處樓下，前女友說過這樣的話。

朋友說過這樣的話，家人說過這樣的話，粉絲說過這樣的話，網友說過這樣的話……甚至連我自己，在離開《玩很大》之前，都說過這樣的話。

好多好多人都說過這樣的話，而在失落幾個月後，我在一個完全陌生的孩子口中再度聽到了這幾個字。

我含著淚謝謝她。

她不知道自己這句話多有力，在那個急需證明自己沒有被遺忘的時刻裡，這四個字像一個救生圈，讓我攀著，得以望向可能的岸邊，慢慢回航，並且注意到其他身旁的人所釋出的，同樣的善意。

後來，我幾乎每一次演講都會提到這個孩子，然後鼓勵台下的聽眾：如果你有喜歡的偶像、欣賞的藝人明星，請你不要吝嗇說出你的喜愛跟讚美，因為 Haters（黑粉）從不沉默。你以為他們知道你的喜愛？不，他們不知道，因為你沒有說出來，而你的聲音不夠大的時候，你所崇拜的人就很容易被雜音淹沒。

人類很容易被雜音困惑，以為圍繞在身邊的惡意就是全世界，對於現在幾乎都用網路的人來說，如果一個藝人打開臉書，私訊裡面全都是罵人的話，要不消沉是很困難的——然而，如果這時候有一個人能當面告訴他，哪怕只是簡單的「其實你很好」，都能在他們黑暗的負面思考裡，點起一盞明亮溫暖的燈。

就像我，在這個小妹妹的一句簡單話語中，體悟到了我早已聽過無數遍的雞湯金句，原來都是真的：**對於那些離去的、傷害你的人事物，就不要再**

執著，重視眼前真正珍惜你的人，才是對他們真正的公平。

「妹妹，謝謝你。」

「不客氣，叔叔。」

……是哥哥啦。

從悲劇的核心裡 鑿出喜劇的光

「我想要辦屬於自己的，一個小時以上的脫口秀專場！」

退伍前，我這樣跟卡米地喜劇俱樂部的老闆碩修說，他沒有太多的疑慮，只說了「好」便開始跟我規劃演出時間與內容。

第一次踏進卡米地喜劇俱樂部那天，我還只是個大學生，而這個如今臺灣現場喜劇演員眼中的「聖地」，也還只是一個破舊小酒吧。老闆碩修在泰順街巷內不起眼的地下室裡，舉辦了幾場觀眾寥寥無幾的演出後，或許是希望能讓產業蓬勃發展，突然便決定開班授課教「脫口秀」，於是貼出公告，對外招生。

當時我看到了這個「教你成為喜劇演員」的課程，便帶著曾經參加過「全民大悶鍋模王選秀賽」的狂妄，來到這個地下室，跟著其他人一起排隊面試——當初和我一起排隊等待的人之中，有好幾個現在已經是赫赫有名的單口喜劇演員了。

坦白說，一開始我還以為那是一個能訓練口條與主持功力的地方，但看著台上的人各種奇特的喜劇表演，我這才開始發現：這裡，跟我想像的不太一樣。

我試著固定每隔一段時間，就來這裡聽聽笑話、看看表演。多數時候，這個名為「卡米地喜劇俱樂部」的地方，演員比觀眾還多，有時，台上可能有五個演員輪番上陣，但台下卻不到三個人，其中還有一個是服務生。

另外，這個舞台上表演的內容也相當難以捉摸。尤其是每週三的 Open Mic，固定開放給所有人，不管是觀眾、演員都能上台表演，磨練自己笑話內容，每到這時，都可以看到一群沒沒無名的「喜劇演員」，在簡單的舞台上述說自身的故事或觀點——台上其實就一支麥克風，但話題卻可以從男女交往到生兒育女，從政治議論到生活瑣事，內容變化萬千、毫無規則可言。

當然，不是每一次的演出都很精采，但每次節目結束後，我都可以看到身材瘦小、雙眼疲憊，而且態度有些靦腆的碩修，苦笑著召集演員們來到他身邊，一個一個給筆記；雖然那些建議與提點，多半後來連他自己都看不懂，而且當場就讓我們傻眼心想「是在開玩笑吧？你確定要我這樣講嗎」。

許多段子，就這樣修著修著，修出了一片天，在如今網路時代的推波助瀾下，被世人所看見。

也許是被他獨力撐起一間喜劇俱樂部的熱情所感動，我開始在這間店流連忘返，但並非一開始就在台上，而是在那裡當觀眾當了很久之後，才努力試著爭取上台的機會。一開始我在 Open Mic 時段看演出，都會想著「好，如果今天有開放觀眾上台，我就要上台表演自己寫的脫口秀！」但每一次，當主持人問著底下有沒有觀眾想要上台表演，我都退縮，因為某種不可知的恐懼猶豫著，直到主持人放棄詢問大家而謝幕後，才抱著「怎麼沒有勇氣上台呢……」的遺憾離開，然後在下次到場時，又重複同一個循環。

起點的結束與新生

第三屆卡米地脫口秀訓練班開班授課的時候，我才終於再度報名，並跟著其他學員一起成立了脫口秀組合「犀利客」，舉辦了一兩次表演。時間實在太久遠，所以我真的記不得第一次上台的情景了，但我記得，第一次售票演出的場次裡，我所講的第一個笑話：

「**這世界上的人分成三種類型，一種是好看的人，一種是難看的人，一種是介於兩者之間，好難看的人。**」

這個笑話陪了我十年，從第一次上台講，直到在演藝圈正式出道，它都扮演了重要的角色。參加《超級模王大道》時，我模仿 Roger 老師，用了這個笑話作開頭，當時的海選評審康康甚至直接點名這個笑話，覺得它「是一個很聰明的原創笑話」。日後，在早期脫口秀演出時，這是我的常備開場笑話，就像一個合作無間的老搭檔似的，不僅總是能收穫大量觀眾的笑聲，也讓我得到滿滿的安全感——但並沒有很多人知道，這個笑話的起點，就在卡米地，甚至可以說，卡米地就是我如今所有演出的起點。

第一次上台演出結束後，碩修對我們招招手，把我們聚集在一塊，給我們建議。我還記得他當時對著我，語氣為難地說：「豪平的東西……怎麼說呢……就是有點……」

「有點怎麼樣？」依照剛才觀眾的笑聲，應該跟其他演員拉出了很大的差距吧，我心想。

「太油，」碩修的直接，跟他靦腆的態度不成正比。「感覺得出來是在演藝圈混過的，但很像在看電視節目的主持人講話，很油。」

我很不服氣。「我就是電視節目的主持人啊！這本來就是我的口氣，難道隨便講笑話也可以叫做表演嗎？」

碩修有些語塞，但他堅定的想法仍然突破了層層心虛跟閃躲的表情，硬是把心裡的建議吐了出來。「……不是要你隨便，是要你鬆一點，放鬆，像是在跟觀眾聊天一樣。」

在那一次演出後，每一次的演後檢討，碩修給我的評語總是跑不掉「油」這個字，但我怎麼樣也沒辦法理解「油」的定義，是太工整？能量太強？還是我太想表現？這個問題在我跟著卡米地參與了幾場售票演出的日子裡，仍然沒有立刻得到解答。

這些零星的表演中，當時仍沒有名氣的我們，往往來支持捧場的都是自己的親友團，而少得可憐的票房，更讓我們忙了一整晚也只能得到不滿兩千元的收入——沒有賺錢、沒有人看，相比於我當時能接到的電視節目通告費用，差距實在太大了。

很自然地，我無法投注太多心力在這裡，雖說掌聲跟笑聲對喜劇演員來說就像毒品，嚐過箇中滋味就很難戒除，只會想要追求更多，但對於那時的我而言，既要兼顧學生身分，又要維持電視節目助理主持的工作，即便再怎麼喜歡單口喜劇，也很難把這件事情當作是能夠做一輩子的志業，畢竟那時候根本沒人看這種表演，怎麼可能覺得自己有辦法靠這件事情賺錢維生？在那之後，我斷斷續續地跟其他夥伴一起做了一些演出，但始終只是把它當成「興趣」。

就這樣，卡米地俱樂部持續成為一群「把喜劇當成興趣」的人聚集的避難所，幾年來，演員來來去去——有一天，碩修告訴大家，房東要把租金調漲三倍，由於收入無法貼補支出，卡米地喜劇俱樂部決定暫時休息。

我們這些演員還來不及消化心裡的錯愕，碩修便為了「歡送」卡米地，舉辦了連續一個星期的「掰掰秀」，號召所有曾經在這裡表演過的喜劇演員，帶著自己的招牌演出回到這裡，就連我，都和無尊一起站上台，表演了一段青澀的漫才。

最後一天，所有的演員擠在台上，笑著、哭著，唱著某個演員的即興創作，大家彷彿突然意識到這個地方真的要結束了，以往對卡米地那種「好像也不用太在乎、反正它一直都在」的態度，也瞬間無法擋住即將失去一個「家」的鼻酸，任由眼淚衝破眾人的心房，在台上哭成一團。

卡米地喜劇俱樂部就這樣關閉了一段時間，在這段時間裡，碩修仍然撐住了劇團部分的業務，產出零星的演出。只不過，整個俱樂部不再有某個固定的地址，反倒像是一個居無定所的遊牧民族，時而在松菸湖畔的書店，時而在餐廳閒置的二樓，有時又出現在文創園區的某個小角落，就這麼維持著斷斷續續的表演……也許是因為長期不斷遷移，人氣無法聚集，有段時間，這個俱樂部就只剩下名號，在城市的某個角落苟延殘喘。

有趣的是，碩修從來不曾抱怨，無論是在哪一個表演的後台，他還是和從前一樣，在演出台下搔著頭、抄著筆記，告訴演員那些他也不知道會不會被採用的表演意見。

日復一日，幾乎讓人覺得，他只要靠呼吸脫口秀現場的掌聲與笑聲就能活得下去。

或許正是因為長期被喜劇所滋養，碩修總是能在沒有人笑得出來的困境裡，用喜劇突破黑暗，帶來一道小小的光。數年前，碩修的父親過世，許多卡米地出身的喜劇演員們前往告別式致上哀悼，當台上的法師念經時，在一片寂靜的哀戚中，我看見碩修走到曾扮演過海浪法師而聞名的演員壯壯身邊，低聲對他說：

「欸，海浪法師，去把台上那個人趕下來，你上可以省好幾萬。」

正如那句所有喜劇演員都知道的至理名言：**「Dying is easy, Comedy is hard.（死亡很容易，但喜劇很難。）」**再難熬的生離死別，於碩修眼中，喜劇的挑戰性更凌駕於其上。

約莫在二〇一七年初，碩修找到了臺北市八德路某個老房子的三樓，就在這裡，五月時全新的俱樂部「卡米地喜劇基地」獲得重生，而就在這個時期，博恩、龍龍的段子影片，也陸續在網路上爆紅，開始有人注意到「原來臺灣有在做這樣的單口喜劇！」甚至造就了卡米地喜劇基地逐漸累積的人氣……演員們一邊驚訝著「哇，有人要看我們表演了嗎？」，也開始陸續回到這裡。

找出悲劇最荒謬的核心

「豪平，我們最近重新開幕了，週六有固定的秀，你要回來演出嗎？」那年五月，卡米地重新開幕後的某夜，我正在替代役宿舍的電腦前漫無目的上網時，碩修傳來這樣的訊息。

那時的我，處於失戀加失業的雙重打擊，雖然透過替代役公益大使團的密集表演洗禮，我自認漸漸找回了生活的步調，但對於回到單口喜劇的舞台重新表演，我仍然沒有把握，而且當時身為替代役，仍有「不得兼差的公務員」身分，我只能跟他說：

「我現在在服役……就算放假回去，做售票演出萬一被檢舉，出事情的機率很大。」

「好的。」他也沒多說什麼。

婉拒的當下，我突然想起剛進入這間俱樂部的時候，那些不敢上台的Open Mic夜晚，每一次怯於上台之後，我總是為自己找各種藉口：還沒準備好、今天演員太多、喉嚨有點累……但說穿了，我究竟是沒有能力上台、沒有資格上台，還是不敢上台？

當時的遺憾再度湧上腦門，我連忙重新打開跟他的對話視窗。

「……但是，如果說是在台下看秀的時候，突然大家發現我在現場，要拱我上台表演，我就不算是違反規定了……」我在訊息裡，暗示著「似乎不算違規」的處理方式。

「我懂了，沒問題。」

於是，那個週末夜，我們演了一齣超級拙劣的戲碼，主持人在碩修的交代下，用浮誇的肢體語言指著台下的我。「咦！這不是豪平嗎？你回來了！你今天要上台嗎？」

我差不多是拿出過年期間推辭長輩紅包的拙劣演技。「啊，不行啦，我沒準備啦！」

「沒關係啦，歡迎黃豪平！」主持人笑嘻嘻地把我拉上台。

我在眾人的掌聲中走到台中央，然後看著台下的觀眾；雖然陰暗的室內觀眾不多，但人群中有些窸窸窣窣的聲音，我依稀聽見有人交頭接耳地說著：「是他嗎？」「對耶是那個鬪主！」

——啊，腳在發抖，好久沒有這種緊張的感覺。

拿著麥克風說單口喜劇的感覺有些生疏，但我仍然努力吐出在北上途中想的段子：「各位知道嗎？我前幾個月當兵了，替代役好辛苦啊……是說每次我抱怨這個，就有人罵我說，替代役憑什麼抱怨？你們根本是爽兵！我很生氣，我都會跟他們說：替代役不是爽兵，我們只有爽！我們不是兵！」

語畢，笑聲零零落落，但不知怎麼，竟也逐漸安撫了我不安的情緒，就連當時長期盤踞在我心中的抑鬱，都散去了許多。

碩修在那之後，照常給了我一些筆記。「我覺得兵變的笑話不夠好，應該是你還沒消化完成。」

「……有可能，但我該怎麼做？」即便剛講完的腎上腺素讓我十分興奮，但我不是沒有發現自己的不足。

碩修皺著眉，似乎在腦海中搜索著可以解決我煩惱的方式。「我覺得，如果你想要把一個悲劇變成喜劇，那你就要找到那個悲劇最荒謬的核心，然後把它指出來，才能真正打敗它。」

我聽得似懂非懂、模模糊糊，像是理解了這個概念，又好像沒有，但為了弄清楚「如何抓出悲劇荒謬的核心」，從那之後，只要我有放假，我就會盡可能來新的卡米地看戲、甚至上台，說著自己服役的趣事，重新打磨自己說笑話的能力；就連跨年夜，我也都以神祕嘉賓的身分混上了卡米地的舞台，跟著當時還沒有千萬流量加持的博恩、賀瓏，和其他卡米地的老班底們，一起在小小的表演廳，用單口喜劇度過二〇一七的最後一天。

然後，我退伍了。在二〇一八年的情人節當天，我獨自一個人拖著行李回到臺北，但我第一個要去的地方，不是找爸媽、找朋友，而是「今天就是星期三耶，那晚上我一定要去卡米地講 Open Mic，把我退伍的喜悅告訴大家！」於是匆匆地把行李放回老家，我就出門直奔卡米地。

那天晚上演出前三十分鐘，我正在後台的辦公桌前，埋頭調整今晚想嘗試的段子。這時，一個叫做 Hector 的演員突然靠了過來，他不僅在我入伍前就開始加入脫口秀的行列，是我的同行，而且還是我前女友的同事。

他簡單打了招呼後，問我：「你今天會講被兵變的段子嗎？」

「應該會吧？最近我也只有這些可以說啊。」我笑著回答。

「那，**你知道她結婚了嗎？**」

所有人停下動作，震驚地看著他，然後看看我。

我愣在原地，不知道該怎麼回應。

當時卡米地的經理吉莉安慌張地大罵 Hector：「你要死了！他等等要上台，你跟他講這個？你這樣要他等等怎麼講？」

「我不是故意的啊！」Hector 也不知所措。「我怎麼知道他不知道這件事情？」

——是啊，分手不到一年，對方就結婚了，這事情我完全不知道，但這麼震撼的消息在如此無預警的狀況下傳達到我這裡，而半小時後我就要上台……我該先難過嗎？還是要先驚訝？才不到一年耶，是懷孕了嗎？那時，我混亂的腦袋根本來不及處理這個資訊。

我迷迷糊糊地上了台。

「大家好，我是黃豪平！掌聲加尖叫！」眾人歡呼。

「……我前女友，在我下單位的兩個禮拜後，就跟人跑了。」我拿著麥克風、壓低鴨舌帽的帽簷，邊笑著說：「兩個禮拜耶，各位，兩個禮拜！我從超市買回來的牛奶，保存期限都還比這個長！」

眾人大笑。

「……然後剛剛她的朋友，跑過來跟我說，她結婚了！」我的語氣顫抖，但不是因為緊張。「是怎樣，我馬上就要上台，新郎又不是我，跟我說幹嘛！北七喔！」

這時，後台的演員，把 Hector 推出來罵，大家指著他不斷道歉的模樣，笑成一團。

我不是很確定那一夜我是怎麼結束的，甚至那些極其粗糙的笑話，也沒幾個有記下來，但我記得，那一夜大家是如何跟著我服役的酸甜苦辣，一起哭笑不得。

又過了兩個月，我在卡米地舉辦了自己的第一場脫口秀專場《役了百了》，然後在同年跟龍龍、微笑丹尼、馬克吐司一起巡迴全臺演出，又在隔年演出規模升級的《年年有愚》……隨著影片上傳得到網路熱烈的迴響，愈來愈多人以脫口秀演員的身分，認識黃豪平。

規模變了、流量多了，但不變的，是那些以生活狗屁倒灶小事為題材的各種笑料來源——我謹記著碩修告訴我的，抓出發生在我身上的悲劇，最荒謬的核心，然後把這個核心指出來、擊潰它。

「你現在講脫口秀都不油了。」碩修某天在演出後這樣跟我說。

好笑的是，我還是不太清楚什麼樣的表演叫做「油」。

穿著裙
站上星光大道

「星光大道，敢不敢？」

二〇一九年五月的某一天，我對著佼哥傳來訊息裡的這七個字，瞪大了雙眼。

倒數上場

如果十年前，剛從《超級模王大道》出道的我聽見有人說：「你有一天會主持到三金的紅毯！」我一定會覺得，啊，又是一個客套的鼓勵。但做為一個電視兒童，看了十幾年的電視節目，當金鐘獎星光大道的邀約出現時，心中真的有著滿滿的激動澎湃。

第54屆電視金鐘獎舉行的前三個月，我得知，這次與我一起搭檔主持星光紅毯的瑪麗，不僅是知名節目《青春點點點》及《綜藝3國智》的主持人，同時也是我的好朋友，這讓我感覺既安心，又憂心——安心的是，第一次面對如此巨大挑戰，能夠跟一個熟悉的搭檔合作；憂心的是，做為星光紅毯菜鳥，過去看過太多主持得不夠好被酸民噴爆的案例，也極為害怕自己「不成功、便成仁」。

那時，我跟佼哥（黃子佼）認識數年，最早他因為我在節目上模仿他而認識我，後來又因為經紀公司老闆的牽線，有了更深入的交情。這些年來，他以「黃氏宗親會」這個奇妙的小組織，照顧包含我在內的數個演藝圈弟弟妹妹，給我們許多演藝路上的建議，是亦師亦友的重要存在；在收到那七個字之後，我跟佼哥立刻約了見面吃飯。在一間裝潢復古的西餐廳裡，我掩不住興奮，不斷地跟他道謝：「謝謝佼哥介紹，我一定會把這個挑戰做好的！」

「……其實，不是我引介的。」

「？」

佼哥露出了奇妙的微笑。「你是靠自己啊，豪平。前幾年我就跟主辦單位提過你的名字了，但他們一直沒有把你的名字放進預定邀請的人選名單中，今年我根本還沒提，電視台就主動跟我說『豪平應該準備好了吧？』，所以，是這一年你的努力被看見了。」

我不知道自己做了什麼努力，但仔細想想退伍後這兩年做的事，包括脫口秀被大家看見、加入《綜藝３國智》當關主，似乎不同領域的每一個突破都累積起了一定的矚目程度。也許，電視台與文化部裡的那些主事者，終於看見了無論在傳統媒體與新媒體都奮力掙扎的我？事到如今，已經無法追溯是誰做出這個選擇，但我還是希望能在這裡感謝你，如果你有看到這一段的話。

「不過啊，」佼哥往嘴裡送了一口牛排，突然皺著眉頭說道。「你要上紅毯，就得把自己乾笑的習慣改掉，你太愛乾笑了。」

「哪有啊，哈哈哈。」
「……」
「……好，我知道了。」
可能是怕尷尬，我自己在接話的時候如果沒人有反應，會不自覺地補上幾聲乾笑，但，在主持前輩的眼裡，這乾笑不僅沒有幫助，還讓我整個人看起來更沒自信，所以佼哥要我改掉，我甚至在後來的主持發表記者會上，立下「乾笑一次就捐一千元」這樣的重誓。
經過了幾個月努力看戲、做功課，與瑪麗也來回討論了非常多紅毯上的應對進退，終於來到紅毯的那一天——國父紀念館裡通往會場的紅毯一側，已經重重疊疊起人牆，眾多媒體記者都在星光大道那頭靜候來賓入場，會場裡外都是一片令人緊張又興奮的期待氛圍，而我們早早地化完妝，穿上西裝與禮服，在禮車上等待著製作單位的倒數。
我的手放在禮車的車門把手上，有些微微的發抖。
每次演講的時候，總有學生問我，要如何克服緊張？我的回答都是：

「不要想著克服，要想著與緊張共處——透過不斷的練習，降低因為緊張造成的失常機率，然後將緊張想成你對這個活動極為重視、而具體化的生理反應……這樣一來，你就不會因為緊張而開始否定自己。」

話說如此，在金鐘獎星光大道的紅毯頭等待開始的那幾秒，仍然難熬。

對於從未接過的星光主持工作，在心態上，我自己有個特別的準備方式：那幾個月，在通勤或運動的過程中，我的耳機裡充斥的不是我平常喜愛的音樂，而是歷屆金鐘星光大道的全程——透過重新播放那些屆數的星光大道，我得以順著主持人的聲音跟背景觀眾的吵雜聲，重回現場，並想像自己身處其中。

我用這樣的方式，用聽覺想像自己不僅人在現場，更在腦裡沙盤推演我可以怎麼樣與來賓提問、互動，藉此熟悉了這個我首次接下的挑戰。

「現場倒數，五、四、三……」

我抓緊車門把手，透過後照鏡跟前座的瑪麗相視一笑。

「開始！」

紅毯上的一千道狀況題

名為「星光大道」的雲霄飛車，在不得下車、不得停止的狀況下，就此向前飛馳——我跟瑪麗一起走過紅毯，說著那些我們自己重複好多好多次的介紹詞，我開玩笑地模仿了吳青峰、周杰倫、蔡康永這些角色來祝賀金鐘的順利進行，然後開始迎接一組又一組的明星嘉賓。

一般觀眾對星光紅毯的印象，就是兩個主持人不斷訪問明星，但在攝影機沒有拍給觀眾看見的地方，我們緊盯著的是四台螢幕，輪流播放著紅毯下車區的狀況、電視轉播的狀況及兩個主持人各自的提詞機；另一邊，則是紅毯的現場導演和一大群工作人員，隨時依照目前現場的狀況更動提詞機，或者對主持人提供情報與特殊指令。

我們要做的，不僅僅是訪問，也必須在訪問之前之後以及之中，隨時注意突如其來的指令，就連照著提詞機念出介紹內容時，也要注意紅毯來賓是否已經走到訪問區：如果念完了詞來賓還在走，那我們就得憑空想出可以墊時間的內容；如果還沒念完來賓就到達了，就必須迅速為當前的介紹詞找到一個不突兀的收尾。

更別提那些來不及想怎麼處理的狀況了，我記得在訪問劉以豪的時候，有人從外面扔進一個奇怪的方形物體，直接在我們的眼前「砰」一聲落地，讓眾人都嚇了一大跳，當下我們只能說：「喔，那是粉絲的小禮物啦！」等到進廣告，我們才緊張地湊近一看，原來是一包用黑色膠帶綑起來的平版衛生紙，上頭貼了寫著「我愛你以豪」的紙條。

想像一下，如果那是一個危險的爆裂物……但來不及擔心，透過幾個月不斷的練習，所有臨危不亂的應對進退都成了本能。

在54金鐘紅毯完成，將現場交付典禮主持的那一瞬間，我開心地與瑪麗相擁，然後用力地、大聲地感謝所有紅毯的工作人員。助理拿著手機靠近，興奮地告訴我，目前網路上的滿滿都是佳評，沒有負評！後來我也仔細翻閱PTT、YouTube與各大社群的留言評論，許多都是我從來不曾想過能夠得到的讚美，也說我跟瑪麗的默契十分完美——其中許多人稱讚的，就是開頭我模仿的角色，有些媒體甚至用「神模仿三大咖」來形容。

我仔細琢磨，這些肯定似乎都來自過去的累積——沒有《超級模王大道》的磨練，我沒有辦法在紅毯上模仿得如此自在；沒有進入《綜藝3國智》認識瑪麗，我沒有辦法在短時間內跟她培養足夠的默契；沒有多年在單口喜劇圈磨練在現場與觀眾的即席應對，我沒有辦法保證自己擁有足夠的臨場反應力，去面對不同明星與現場狀況的交錯衝擊……

那些機運帶我走到這一刻，而過去的努力則助我走穩。

不過，金鐘的光環並沒有瞬間帶我衝上主持界的更高層級。其實在主持前，佼哥就給了我足夠的心理建設：「主持得再好、再不好，兩三天媒體就不會報了，也不會有人記得了。」我完全同意，那一夜的開心跟肯定，停在原處最好。在那之後，我的工作變化並不大，但我並未因此失落，做足心理建設的我十分清楚，若是帶著那夜的肯定而驕傲自滿，只會害死自己。

但，比起自滿，金鐘紅毯的主持經驗，真正為我帶來的其實是自信。雖然面對盛大的活動，我仍然會緊張，但那份緊張，卻能轉化為滿滿的興奮，注入我的血液，從內到外驅動我身上每一顆熱愛舞台的細胞，讓我能夠更無懼地面對挑戰，完成每一場主持與表演。

於是接連55、56兩屆金鐘紅毯，我與大霈、蔡尚樺合作，寫下連續三年擔任紅毯主持的新紀錄，也在每次的紅毯主持中努力求突破，比方說，與魔術顧問合作，在《天橋上的魔術師》劇組接受訪問時露一手「憑空生煙變出小金人」的魔術，或是訪問《想見你》男女主角時與許光漢、柯佳嬿合唱……

但最讓我的親人朋友震驚的，則是我在第二次主持紅毯時，那一襲裙裝打扮。

穿著問號，主持星光大道

會選擇穿著裙子上場，其實來自第一次跟大霈接受訪問時，一個極為隨興的提議：

「欸大霈你這麼高了，再穿高跟鞋會比我高啦！」我開玩笑地抱怨。

「那不然怎麼辦？還是你穿高跟鞋。」說完，大霈大笑。

此時我突然靈光一閃。「啊，正好！我穿高跟，你穿平底，然後我們乾脆互換服裝，我穿裙子你穿褲子？」

以此為起點，我們更加天馬行空地發展奇想：剛好本屆入圍題材中，與多元性別相關的影視作品也不少，如果在紅毯上來個「性別刻板印象大逆轉」，藉此向影人們致敬，不也剛好？再說了，我本來就常常被開性向的玩笑，那由我穿裙裝，大霈穿褲裝，也會是種有趣的回應——想不到，製作單位十分喜歡這個隨興的提案，我們兩人的經紀人也開始向服裝師商借衣服。

但這個「隨興的提案」，卻直接難倒了我的服裝團隊：適合我的裙裝並不多，要能做到既不失男性元素也保留裙裝特色的中性素材，並不容易⋯⋯服裝師跟我的經紀人傷腦筋了好幾個月，甚至幾度要我放棄這個天外飛來的靈感，但感謝老天，在典禮前一週，我們在朋友的介紹下注意到了知名品牌COMME des GARÇONS的西裝，並且一試就愛上，覺得非常適合我們這次想達到的「性別刻板印象大逆轉」，既時尚又帥氣。

果然，這衣服風格引起了許多媒體關注，意外地跟幾位我打死都不可能被相提並論的知名男星同登版面，甚至登上GQ的Instagram貼文，我們所有人都非常開心：果然，這次的大膽嘗試得到了許多人的肯定。

但接受讚美之餘，我也看到不少留言表示「豪平這是要出櫃了嗎」、「看到豪平穿裙子我就一直出戲」這類表示看不習慣的負評。我忍不住發文，說明其實古今中外男性穿著裙裝的例子非常多，著名的蘇格蘭裙正是裙裝能在男性身上展現時尚的最佳例子——然而，還是有許多人傳來私訊，覺得我不該「帶壞小孩」，甚至連我自己的親戚都私下表示「就是看起來怪怪的」。

還沒來得及仔細思考哪裡出了問題，兩天後，Sandy吳姍儒傳訊息跟我分享說那一年艾美獎的虛擬頒獎很特別，我這才發現，二〇二〇年的艾美獎大贏家《Schitt's Creek》的演員Dan Levy就穿著裙裝出席頒獎。

……原來只是走得太前面了？我苦笑。

那一回紅毯上的服裝選擇，正是想要顛覆刻板印象，用我們自身來傳達：裙子不是只有女性、同志能穿，它未必是陰柔的專有元素，褲子也不是男性的獨有穿搭。但我們也在那天理解到，對於許多人來說，性別氣質光譜的多元可能，仍然不是能輕易被大眾消化接受的——不過我們並不後悔那個決定，因為，就算不是每個人都接受，也不代表不該做出這樣的嘗試。

就像我十年前一定無法相信「自己能主持三金紅毯」，如果還讓十年前的我聽到「你會穿裙子主持金鐘獎的星光大道」，我肯定會一笑置之。

但，我之所以熱愛演藝工作，正因為這是一個不斷打破「不可能」的迷人行業，我很慶幸，自己趁著站上這個舞台的機會，獻給社會一個「問號」，並創造更多讓奇蹟發生的「驚嘆號」。

而且，我現在沒有再乾笑了，哈哈哈。（？）

不正常愛情研究中心

二〇二二年三月，我的粉專跟ＩＧ湧進大量咒罵私訊，指責「怎麼可以包庇小三」、「收了人家多少錢洗白」、「再也不會支持你」——這應該是我第一次承受如此大量的惡意，而這一切的起源，都來自於我與宇珊經營的Podcast《不正常愛情研究中心》不久前對謝和弦現任妻子陳緗妮的專訪。

在情聖與單身狗之間，選擇當個研究員

會開始做 Podcast，來自 PPA（PressPlay Academy）老闆 Dennis 二〇二〇年夏天的一次邀請，那時，PPA 還只是一個製作線上課程為主的公司，但看見網路上 Podcast 突然竄起的熱潮，他們準備開始拓展 Podcast 的業務，於是找上我，詢問有沒有什麼想製作的內容方向？

當時，Podcast 的三本柱是聊國際新聞的百靈果、滿是幹話的臺灣通勤第一品牌，和充滿「投資乾貨」的股癌——在這個各方英雄眼見 Podcast 市場逐漸竄起，虎視眈眈看著這塊大餅，想從中獲利的時刻，我仍然想回歸到內容層面，仔細思考，什麼樣的議題有很強的延展性、能有源源不絕的話題，而且每個人都有共鳴？

「愛情」是我們在多次來回討論後的結論。

說真的，能觸動人類內心，讓人恨不得趕緊轉發分享的，往往都是深刻的情緒，而因為愛情衍生的種種故事，能激發的情緒特別豐沛，不管是浪

漫、憤怒、莞爾、心碎、嫉妒與渴望，都擁有成為熱門話題的潛力。

但，當時的我，也就交過一任女友，還分手分得天崩地裂，讓我來聊愛情，難道不會太沒說服力或者太空洞嗎？我發現，自己需要一個搭檔主持，這個人必須口條好、邏輯清晰，而且相對於我，應該有更多的感情經驗，才能產生「愛情小菜鳥 vs. 情場老司機」的反差趣味。甚至，一男一女產生的多元意見撞擊，也許能激發更多的火花。

於是，我找到 Popu Lady 女團成員劉宇珊。

尺度是什麼？我們只知道恥力！

我們並非初識，而當初成為好友的過程，其實也頗有點意思。幾年前，包含陳大天、洪詩、張文綺、無尊，還有我跟宇珊在內，都因為曾經跟黃子佼在檯面上合作過或是私下認識，被拉進了一個名為「黃氏宗親會」的群組，常常一起約吃飯、交流各種遇到的難題或各種生活趣事分享。

有一年過生日，我獨自在家上網打發時間，佼哥半夜在宗親會群組問我今天怎麼度過，我說，就一個人在家吃飯，也沒特別參加什麼活動。

「怎麼可以一個人過生日！這也太悲情了！走！出來，有誰還要一起吃飯的？」

義憤填膺的佼哥在群組問大家，有沒有人要出來陪我吃宵夜過生日？結果剛好大家都沒空，就一個劉宇珊舉手，於是佼哥在半夜抓了耿如，總共四個人出現在我家附近的居酒屋，為我慶生。

當時我其實一度還暗自想太多：哇，宇珊這麼挺，半夜願意出來陪我過生日，該不會偷偷喜歡我吧？結果，一整晚佼哥關心我的感情狀況，宇珊全程聽得比我還激動：「你就應該跟她告白啊！」「你約出來就只有這樣？」完全是以一個愛情軍師的姿態在評點我的感情生活，甚至把自己的過去經歷拿出來做為教材，告訴我應該怎麼做……

原來，她根本就只是一個會為朋友兩肋插刀的女漢子！

所以，在這個生日宴的兩年後，當我需要一個口條清晰、邏輯好的搭檔主持時，我想到了宇珊，因為她講感情故事講得活靈活現的，過去的感情經驗也「頗為」豐富，完全是我理想中情感類節目的主持搭檔人選。

當我們節目正式開播，宇珊分享她過去的愛情經驗、嘲諷我小菜鳥的不成熟思考，沒了一般電視節目的各種顧慮，我們的話題往往從愛情會延伸到性，甚至是許多瘋狂的性事分享……

有一次錄製節目中，宇珊分享了自己糟糕的性經驗，我冒著冷汗看向宇珊的經紀人，心想「這些真的都可以聊嗎？」結果，她的經紀人阿好在一旁笑得比誰都用力。

「你經紀人在旁邊聽，都沒覺得這些不能播嗎？」某天我狐疑地問。

「沒有啊，他們還說希望我多講一些有趣的幹話，叫我可以再放鬆一點。」宇珊一派輕鬆地回答。

這節目錄了一年多之後，我以為多少會有點偶包的宇珊，看來已經完全不在意尺度了，就連跟其他以前的團員一起接受訪問的時候，記者聽說宇珊現在跟我主持 Podcast 大開黃腔，順口問起：「喜歡什麼體位？」她還滿不在意地回答：「喜歡從後面！」

這時，我不禁覺得，這個節目，好像不小心開啟了什麼潘朵拉之盒……

從天而降的巨石，是爬上高處的階梯

在宇珊的無尺度投入之下，我們跟PPA共同經營了一年的《不正常愛情研究中心》，在Podcast跟YouTube同步播出，每一集談論不同的愛情相關議題，訪問過許多偶像、藝人或各界專家，也開設專屬郵件信箱，讓大家寄來自己的愛情困擾或故事，而我們會在節目中念出這些信件，為大家解惑。

每週三晚上九點準時上線，這為時六十分鐘的愛情閒聊，就這樣伴隨著數萬網友度過許多通勤、運動的空檔，在臺灣收聽榜的排名一路爬到前段班。挾著這股氣勢，我們陸續舉辦一些特別的活動，像是Clubhouse的聽眾連線、或者跟誠品合作的Live Podcast，每次都獲得許多朋友的熱烈迴響，有些藝人朋友在工作之餘，還會開心地告訴我們：「我也是不正常愛情研究中心的聽眾！」

但或許是某些商業經營上的考量，某天，我接到製作人的來電，說PPA決定停止製作所有Podcast節目——事實上，我們節目不管是收聽率、點閱率都有不錯的成績，實在沒有就此收播的理由……

我一邊在電話中感謝製作人一直以來的付出，一邊在腦袋裡快速思考，如何讓《不正常愛情研究中心》持續製作下去的方式。

當我終於下定決心，便立刻打給宇珊。

「宇珊，我們自己來。」

「什麼意思是自己來？」

我把自己所有的想法跟規劃都告訴宇珊。「我們自己找器材、找場地，另外付錢請製作人剪輯、設計宣傳……該怎麼做就怎麼做、該怎麼花就怎麼花，我們把這個節目頂下來，變成我們自己的品牌，我們來當老闆。」

「你自己出錢嗎？」宇珊有些傻眼。「錢怎麼來？」

「慢慢找啊，我們再去找業配，從今以後，我就是製作人，我們在演藝圈這麼久、學了這麼多東西，沒有理由我們做不起來……」我興奮地告訴她我的計畫，但隨即想到一個難為情的請求。「只是……」

「只是什麼？」

「只是，有穩定收入之前，可能沒辦法支付你主持的費用。」談到錢的議題，總是令人難以啟齒。我告訴宇珊，我來扛下整個製作費用，但如果要支付主持費用，負擔就會略大，我能做的是，扣除固定成本的製作費用後，給宇珊較好的業配分潤條件。

「——如果變成這樣，不再是每一集都有費用的主持，你仍然願意一起經營這個品牌，並且繼續跟我一起主持嗎？」

這段話，如果換幾個關鍵字，聽起來實在很像求婚台詞。不過，事業夥伴，有些時候跟人生的夥伴一樣，都需要決心才能爭取到對方的信任，及長久的關係。

宇珊的回答沒有什麼幹話成分。「做這個節目，對我個人是加分的，我也能學習到東西，其他要怎麼安排、分配，我都可以配合。」

其實基本上，就是「我願意」的意思。

對於創業者來說，這幾乎是能令人痛哭流涕的回覆了。

「請多指教。」我在電話另一頭，含著淚感謝。

就這樣，我帶著《不正常愛情研究中心》，以「製作人兼主持人」的身分，跟著宇珊開始漂泊了起來；為了不讓聽眾在這個轉換期流失，我們很早之前就開始跟ＰＰＡ積極溝通，包含ＩＰ的權利確定、接手期間的資料轉移等等。

雖然他們不再繼續經營，但我仍然很感謝他們邀請我們主持，並一起把這個節目拉拔到這麼好的規模跟格局，而且在真正開始接手幕後的規劃之後，才實際感受到節目製作的難度，深刻地體會：如果一開始不是有人帶著我們，以各種行銷模式拓展聽眾，這個節目根本不會有機會被大家聽到……但大公司經營一年所累積起來的優勢，並不是能夠一直消耗的老本，認真思考如何走出自己的路，找到健康的永續經營模式，才是長久之計。

於是我接連找了不同的製作人，終於找到一樣跟我在電台都有主持經驗的大學同學 Umas，並在他與夥伴 Eddie 的引介下，跟他們所屬的公司開始了長期的合作，並以《不正常愛情研究中心第二季》之名，開始進行宣傳。

然而，在正式錄製第二季之前，發生了一件大事。

在第一季因為「只交過一任女友」而被宇珊和來賓瘋狂吐槽的我，在第二季錄製前一週，終結了五年的單身。

對，我交女友了。

被自己設下重重關卡的脫單之路

我第一次見到C，是在正式交往的近一年半前。某天，佼哥邀請我去看音樂劇，在台下的我，看見了在台上大展歌喉、氣質優雅的C。

我偷偷地記住了這個演員的名字，還追蹤了她的 IG——但因為擔心自己顯得很變態，我始終沒有傳訊息搭訕，只是默默地關注這個可愛的女孩，不過她並不常更新，在演算法的捉弄之下，對她的印象也就漸漸模糊。

直到某個晚上，凱希約了幾個朋友到她經營的酒吧一起聊天，那天我們約了一個導演跟幾位演員，要聊聊創業的甘苦談。

但當我踏入酒吧，視線卻彷彿擁有自己的雷達似的，在人群之中瞬間察覺了C的存在，我愣愣地看著她半晌後，發現原來凱希正和C同桌聊天，這才想起凱希提過，當天在與我們的創業小聚之前，還有另一場聚會。

在茫茫人海中意外見到C，當然是一個天大的驚喜，但我壓抑著衝動，故作矜持地跟她打了個招呼，C對我也只是客氣地點了點頭，露出禮貌的微笑，隨即跟大家說：「你們聊！我先走了，下次有機會一起！」

這麼快就要離開了？我想了一下，在她準備起身離開的前一刻，才終於開口問她是不是有演出之前那部舞台劇。

「啊！你是黃豪平！」C這才訝異地發現我是誰。「我有看到你那時候來看戲之後Tag我們劇團，謝謝你來看！」

「哈哈，我也是剛剛才發現你很眼熟！果然是那部劇！」對，我說謊了。

在那之後，我終於有了在ＩＧ敲她聊天的理由。

就如同所有愛情故事的開端：「我們發現彼此有很多共同的喜好」、「我們愈來愈了解對方」、「對她的好感愈來愈濃烈」、「我終於鼓起勇氣約她出來」……但，簡單的幾句話與理所當然的情節推進，在我這邊的發展進程卻十分緩慢，我們始終以朋友的身分相處，即便單獨約會過幾次，我們也從未在言語跟動作上有任何的曖昧。

讓我遲遲不敢採取行動，甚至不敢放膽去喜歡的理由有二：首先，對方並不住在市區，而是住在遙遠的外縣市，約會不易，無法藉由常常見面來讓關係有所進展；再者，對方也有養貓，但我的貓「阿雄」十分抗拒其他貓，甚至會因為與其他貓同處一室，產生嚴重的攻擊行為。我擔心，如果真的交往了，同住時會有很大的障礙要克服。

——好的，我完全可以理解大家聽說我的煩惱時，有多想搖我的肩膀：「是在糾結什麼？擔心這些都太遠了吧？」

對此我只能說，我是憑著堅強的實力單身五年的——我就是個想太多的人啊！而且，提前想很多，總比真的遇到無法解決的問題時投入太多沉沒成本來得好吧？如果我真的對她產生了完全無法自拔的好感，卻發現根本無法在一起相處，那不是會很痛苦嗎？

——現在我可以感覺到大家不只是想搖我肩膀，你們可能會想要呼我巴掌了。

總之，因為這些那些，所以我將對她的好感，持續壓抑在某個小小的盒子裡，收藏在內心深處，用對待朋友的禮貌、紳士的態度，層層掩蓋在那些好感外頭，不讓她發現……但，人類的情感畢竟無法被輕易控制，當我跑去看她的舞台劇演出，卻看到她跟其他男生演情侶的時候，心頭一股強烈的酸苦襲來，我這才發現，已經來不及了。

那是我在這單身的五年來，第一次重新感受到「吃醋」。

向來理性的我，內心深處的感性火苗，正在某個我自以為收得好好的情感櫥櫃裡，悶燒加溫著——當我發現的時候，整個心房早就燃燒得破敗不堪，似乎只需要輕輕一推就會瓦解，讓對她的喜歡突破重圍、傾洩而出。

所以，我藉著某次邀請她來臺北看我脫口秀演出的機會，在演出後鼓起勇氣告了白。

C有點害羞。「我不知道你有喜歡我。」

「我……不知道可不可以喜歡你。」

那一刻，我彷彿可以聽到《不正常愛情研究中心》針對這個瞬間所做出的評論。

「——宇珊，你覺得這個人是不是真的有想開了？」

「雖然有點晚，但是他終於突破了！呦呼！」

那天，我們聊了好多好多對於這段關係的期待跟認定。比方說：「要是我們都很忙，要怎麼相處」、「貓要怎麼顧」、「是我去桃園找你還是你來臺北找我」……那些問題，我們在那時未必都有解答，但C跟我都決定且戰且走，一起為經營這段關係而努力，享受當下的幸福。

這是我人生三十幾年來第一次，在沒有萬全把握的狀態下，決定走入一段關係——之前的每一段與異性的接觸和認識，都在對自己跟關係的重重疑惑中，漸漸失去進一步的可能，因為我總是要抽絲剝繭、分析能否走穩走好每一步，才膽敢向前。

但也許，在一整年的多變愛情故事轟炸下，我需要的，真的就是那輕輕一推，就能讓我往前一步，走進全新的世界。

就這樣，我再度脫單了，我成了C的新男友，她成為了我的新女友。

我與節目的全新第二季

第二季的《不正常愛情研究中心》，以我交到新女友的話題做為開端，展開了全新的面貌。

宇珊在節目中感動地說：「我終於把豪平銷出去了！」聽眾們也傳來許多道賀的訊息，彷彿這個節目真的辦到了什麼奇蹟，所有人都為「豪平脫單」這件事情齊聲祝賀，連某段時間，Line的頭條新聞都可以看到「黃豪平脫單！經紀人已確認」的新聞標題。

如今我有了新女友，節目第二季則開始更加致力於探索愛情的各種樣貌，我們持續積極地經營節目專屬社團，讓更多人能夠將他們在「愛」這件事情上遇到的種種困難，傳達給我們，也或許是在社團匿名發文，將自己的煩惱交由網路上的聽眾朋友們一同討論。

此時，在第二季錄製開始沒多久後，發生了一起讓全臺轟動的愛情糾紛：謝和弦的新任太太莉婭（陳緗妮），指控先生劈腿女星祈錦玥，並聲稱要離婚放謝和弦自由……此事之所以受到矚目，是因為莉婭這位眾人眼中的「驚世小三」，曾經被指控介入謝的上段婚姻，卻又在新婚不久後疑似遭遇類似狀況，於是許多人認為這是「現世報」，引起許多討論。

做為謝和弦的情人與妻子而爆發許多爭議的她，到底抱持著什麼樣的感情觀在前進，必定是大家所好奇的——我突然靈光一閃，覺得「為什麼不訪問她看看呢？」

「如果給你一個機會，說說你的故事，你會有興趣嗎？」我私訊她。

「真的嗎？我怕你們被黑耶。」她似乎有點驚喜，但卻也擔心造成我們的麻煩。

「找不同人來分享自己特別的感情經驗，本來就是我們節目在做的，別擔心。」

她最終答應了我們的邀請。在得到答覆後，我跟宇珊、其他團隊成員也都非常開心，覺得這個節目終於又可以訪問到一位特別的人、探索特別的感情觀了——畢竟，謝和弦這樣「特殊」的人，絕大多數人一定都唯恐避之不及，但能待在他身邊，而且面對巨量輿論砲火仍然不離不棄，必定有著我們從未想像過的價值觀，而挖掘這些特別的感情觀，正是我當初開這個節目的目的。

愛情與人生的正反面

做為節目製作人與主持人，我很清楚地知道，那天的訪問，並不是邀請這個人來節目上接受「公審」，而是要了解這個人一直以來撲朔迷離的感情觀，而事實上我們也達到了這個目標，知道了很多新聞沒有爆出的交往細節，比方說，兩人的婚姻關係是謝和弦用來安撫正在吵架氣頭上的莉婭所做出的承諾；而為了讓莉婭安心，謝交出自己所有的帳號密碼包含提款卡，甚至，有時候她還會跟著謝一起想怎麼傳訊息給他喜歡的女神……

整集內容，我們沒有評論、鼓勵任何「介入婚姻」的行為，純粹透過一個小時的訪談內容，了解一個「待在謝和弦身邊的女人」，到底怎麼想？但也許，就是因為我的訪問態度不如大家所期待的尖銳，引來了大量對節目的批判，信箱湧入爆量的私訊，影片留言也塞滿了針對節目的攻擊。

那些訊息之中，不外乎是指責我們傳達不正當價值觀，認為我們試圖洗白小三，覺得我們給小三說話的機會是在鼓勵介入他人的婚姻，甚至揚言就此退訂、不再支持……雖然這一集的點閱率衝高，但那些充滿曲解的指控，卻是這個節目經營以來我從未遇過的。

我很挫折，甚至在某個夜晚看到網友傳來對我「心灰意冷」的脫粉宣言後，默默地在夜深人靜時，躺在床上偷偷地哭了——第一次承受這麼多的惡意，確實讓我受到打擊，質疑自己的做法到底是否正確。

這個節目經歷公司經營、到獨力支撐，在這天我們終於面對了節目創立以來的第一次「炎上」，這樣的我，到底希望帶著《不正常愛情研究中心》到什麼地方去呢？我們真的能繼續走下去嗎？

我偷偷擦掉眼淚，在床上翻過身，看著在上個月搬進我家跟我同住的C，她已經進入夢鄉——不知何時開始，她已經習慣了在我身旁睡去的日子。

如果是五年前的我，會有勇氣踏出告白的那一步，讓眼前的畫面有機會發生嗎？

此時，我才意識到，也許就是在這個節目聽過太多打破必然與規則的故事，才讓我有了突破的勇氣，跨越我自己原先對愛情的古板想像，進入現在的小小幸福生活……那麼也許，我們的不斷嘗試，也在世界的某個角落，讓某個人的生活有了依靠，進而改變？

沉澱幾天後，我發了這樣的文章——

「揭露不正常感情觀」一直都是我們的核心思維，我大可以訪問一個又一個困擾於校園愛情、學長不接受我告白、騙我錢的網友……但這，真的是這個節目存在的意義嗎？

你想聽的是特別的觀點，還是你想聽的觀點？你想聽的是你已經知道的事情，還是那些存在我們眼界之外，沒見識過的思考？

願一起成長，一起學習，如果你提前下車，只能說今生無緣。因為我們還想跟著這台車，探索更多的感情未知。如果這樣有罪，我也將繼續負罪前行。

我不知道節目還會做多久，但我知道的是，我不會改變我們做節目的初衷，也會盡全力去探索普世價值覺得「不正常」的感情故事，而這個過程，勢必充滿荊棘、會弄得傷痕累累。

但如果我轉頭，可以看到許多支持我們的網友，寫下「加油！我覺得這一集你們訪問得很好」的言論，也許那就是最好的療癒。

我在文末，感謝了我的夥伴劉宇珊，也謝謝她持續相信我，並與我一起為了這個節目奮鬥下去——當然，看到她因為「不正常愛情研究中心」，成為了更有自信、更多元、更敢表現的主持人，我也非常開心，相信經營節目這麼久以來，聽眾都見證了我們的成長，甚至跟著我們一起成長。

二〇二二年末，我們的收聽終於突破了四百萬，並被 Apple Podcast 選為「最令人捧腹大笑節目」之一。

歡迎收聽不正常愛情研究中心，我是黃豪平，這是我的夥伴宇珊，只要這世上仍有人對感情充滿疑惑，我們就會一直研究下去。

第三部

表演的種子落在土裡，長出了思考的芽

好幽默與壞幽默

「自嘲，才是最高級的幽默！」

大概每隔一段時間，只要有任何喜劇演出遭到「炎上」，我就會在社群媒體上，看見以這句話為核心的各種貼文，有的慷慨激昂、有的消遣調笑，不管是長篇大論或短文迷因，全都直指現今的喜劇有多低俗，而自嘲又是多麼優質的幽默方式。

但我無法認同這句話。

最近一次轟動全球的喜劇演員炎上事件，莫過於二〇二二年奧斯卡頒獎典禮上的「威爾・史密斯（Will Smith）打人事件」——做為頒獎人的克里斯・洛克（Chris Rock），在頒獎台上的一段脫口秀中，提及威爾・史密斯的妻子潔達（Jada Pinkett-Smith），表示「等不及看到你演出魔鬼女大兵第二集了。」而威爾・史密斯怒氣騰騰地衝上台，對著笑臉盈盈的克里斯・洛克迎面就是一個巴掌，隨後甩頭回座。

這麼一個巴掌，點燃了全世界「自嘲至上」與「捍衛幽默」兩邊的戰火。由於克里斯・洛克用來開玩笑的題材，來自潔達光頭的造型，而其光頭的造型，卻是因為她困擾多年的落髮症，於是「克里斯到底該不該打」的爭端瞬間躍升為全球級的流量密碼，眾多KOL爭相對此發表意見，但其實，無論在世界各地或這幾年的臺灣，這類型的議題爭鋒從來就沒少過。

單就近年的臺灣網路社群來看，曾有人在推特上指控喜劇演員曾博恩拿鄭南榕自焚的歷史事件開玩笑，於是大量輿論抨擊隨之而來，認為博恩不該將幽默建築在他人的傷痛上；而二〇二一年引發熱議的「龍K之亂」，更掀起一波「自嘲才是最高級的幽默」的辯證……大量的網友，用這樣的口號指責臺灣的喜劇演員低級當有趣，但，自嘲真的是最高級的幽默嗎？

或者說，只要是自嘲，不論技巧，這笑話的幽默等級就能自動調到最高嗎？

幽默才沒有那麼簡單

有些人認為，願意將自己的弱項拿出來給人嘲笑，那就是最高級的幽默方式，而開別人玩笑、踩別人痛腳，全都是低劣的下下之策——對此，我每次都抱著不以為然的態度。這並不只因為我身為一個喜劇演員，也不因為我樂於嘲笑他人，而是「自嘲」之所以為「自嘲」，是因為表演者的素材都是從「自己」出發、開「自己」的玩笑，那麼「自嘲」與「嘲他」的差異顯然就在「動機與素材方向」，而在一個以表演技術、題材文本為主要內容的演出中，竟然單單用動機就能判斷這個演出的好壞？

拿另外一種演出形式來比喻的話，這就像是某個導演拍攝了一部以關懷弱勢族群為主題的電影，但敘事能力極差、運鏡剪輯不順，卻只因為「這個題材很好」而被大眾認可為一部優秀的電影。我相信對所有影視從業人員來說，這都是難以接受的。

表演藝術之中有許多面向，「題材」在整個作品之中占的重要性不應該凌駕於「技術」之上，而技術當然也不會是唯一的評斷標準，既然有這麼多判別層面，那麼，一個笑話、一段喜劇，到底要做到什麼程度才能被視為是「最高級的幽默」呢？

我認為是「時機的把握」。

你知道你的觀眾想要什麼嗎？

有時，在平日週間上台演出單口喜劇，台下總會坐一些穿著襯衫或套裝、經歷一天疲憊工作的上班族。這些觀眾有一個特點，就是他們不容易在沒有酒精的狀況下嗨起來，大多數都呈現「雙手抱胸、兩眼無神」的狀態，如果在這時候，台上的喜劇演員們演出的段子是需要思考的複雜諷刺笑話，那麼這些被社畜生活磨鈍的腦袋，在經歷一天的摧殘後，很可能根本跟不上那些精心設計的笑話邏輯。

而當我們舉辦大型演出，在裝潢精美、入場門檻較高的展演場所邀請觀眾來看秀，眾人風塵僕僕、千里迢迢趕到，聽到的卻是「有一個人叫小菜，他被端走了！」這類諧音笑話，往往事後我們在演出回饋裡面就會看到這樣的留言：「這麼大的舞台，卻講這麼小格局的笑話，看得很不爽。」

這兩種類型的笑話表演其實沒有好壞之分，但如果能夠對調一下，也許無腦的諧音笑話恰巧適合需要放空、放鬆的疲憊社畜，而精妙的諷刺笑話也恰巧適合對劇場有期待的觀眾——在兩者的演出技術都沒有差異的前提下，其實不同類型的笑話是否會成功的關鍵，取決於使用的時機。

我認為真正最高級的幽默，是能夠因時因地，為觀眾設想的幽默。

此時此刻的觀眾需要什麼，我就端出什麼菜：觀眾年齡層偏低、社會經驗不多，我就知道要給他們生活類型的笑話；觀眾組成以社會人士居多，就給他們吐槽人生、挖苦職場，甚至是時事諷刺的笑話；表演現場若提供酒精飲料、氣氛輕鬆熱鬧，卻可能不太能專注在文本內容上，那就可以給他們以肢體跟動作表情為主的搞笑，讓他們方便消化、容易理解。

我相信每一個題材、每一種表現方式，都能呈現精采的喜劇，但唯有顧及到觀眾，並適時給他們所需要的內容，表演者才能在精采之外，得到「高級」的認可。

而「精采」如何定義？即便是「笑話」這種如此仰賴主觀認定的藝術形式，因鋪陳的方式、爆點的設計、每分鐘的笑點數量不同，甚至於肢體表達、發音咬字的精準與否，都可能影響到這個笑話的成功——同一個笑話，讓不同的人來說，有時差了一兩個字，就是沒有辦法表演得一樣好笑。

一個成功引起眾人哄堂大笑的笑話，必定有某個部分「說對了」，而這個對，除了時機以外，也代表這個笑話引起了觀眾的共鳴，勾起了他們心中共有的某段回憶，那通常是難堪的、荒謬的糗事與觀點……那麼，我們就回到一開始想探討的那個點上：笑話的題材，是否一定要傷害某個族群呢？

自嘲與嘲他，都是一種冒犯

如果要我回答這個問題，我會說「喜劇必定建立在冒犯之上」，無獨有偶，飾演著名喜劇人物豆豆先生（Mr.Bean）的英國演員羅溫．艾金森（Rowan Atkinson）、美國的金．凱瑞（Jim Carrey）都曾經發表過類似的言論。

在喜劇表演者的世界觀裡，「有人笑了，那一定是有人被傷害了！」是唯一的基本共識，因為所有的笑話都建築在某個人經歷的糗事、創傷，哪怕是自嘲也不脫這個準則，畢竟自嘲的表演者就是受傷的那一個人。

對表演者來說，是他在嘲笑自己的弱項與痛處，但對台下的觀眾來說，大家所發出的笑聲，也是在嘲笑台上的他者——那麼，這跟「嘲他」真的有很大的差別嗎？如果終究大家都嘲笑了某個人，那對我來說，無論嘲笑的對象是自己或他人，這個嘲笑的本質終究是不變的，那「自嘲」的「罪」，也許跟「嘲他」的「罪」相去不遠。

我以一個我在學校演講時經常說的笑話做例子：「很多人認為我是 gay，請大家不要再說我是 gay 了，不然我男朋友會生氣。」

這個笑話的意外之處，是在於我拿自己的陰柔氣質做文章，看起來像是提醒大家不要再開我性向的玩笑，最後卻導向「其實我真的是 gay」的意外發展（但我真的不是 gay 啦）。

我相信大多數的人都會覺得這個笑話歸類在「自嘲」，但仔細分析下，就會發現自我解嘲在這個笑話的本質只占了一部分，主要的笑點產生在「誤導產生的意外性」；而這個笑話，仍然是帶領大家去嘲笑某個「會被認為是同志的人」……在這個笑話中，就是我。

但這不代表我認為自嘲是有罪的，甚至，我認為在喜劇裡面的嘲弄，都不應該被冠上罪狀——除非它的動機出自惡意、且寫出來的笑話不好笑。

我純粹是無法同意「自嘲是最高級的幽默」這種論點。自嘲其實是偷懶的幽默，因為它安全，自嘲的喜劇演員在自嘲的保護傘下，比較不會讓自己惹上什麼麻煩，即使如此，在現代這個極端的社會裡，就連弱勢族群自嘲都有可能被同族群的人抨擊。但多數時候，自嘲實在太方便了，創作者可以盡可能去冒犯自己，而台下的觀眾則在台上表演者的「授權」之下，被帶領著去嘲笑表演者——這樣的做法，對我來說僅僅只是把「嘲笑」的罪與責任甩到觀眾身上罷了，甚至可以說是一種微自私的行徑！

我這麼說，並非為了給「嘲他」的段子脫罪。事實上，「嘲弄自身以外的事物」並非那麼簡單，需要高超的技術，才能準確地切入，讓觀眾覺得你吐槽得有理，甚至當事人都覺得「我被嘲笑了，但這個笑話連我都忍不住笑出來，你真厲害！」，這樣一來，你才能達成「讓受傷的人能夠走出悲劇，並跟你一起哈哈大笑」的目標，那才是真正了不起的創作。

自嘲只是笑話的一種題材，並不是什麼高尚行為，甚至對某些人來說，自嘲只是面對充滿惡意的世界、不得不而為之的保護機制。

電影《歌喉戰》中，某個自稱「胖艾美」的壯碩女孩，被問及為什麼幫自己取這個綽號時，她無奈地回答：「因為我先叫自己胖艾美，那些女孩就不會在背後這樣叫我了。」

比這個世界搶先一步嘲弄自己，方能在世界嘲弄我們之時，以萬全準備迎戰——自嘲，是我們在苦中不得不做的樂，它就像防身術，防身術可以練得很好，但練得再好，防身術都不會被列入任何一種格鬥賽的評比項目，因為它是面對傷害才會產生的作為。

講到格鬥，在威爾．史密斯打人之後，臺灣的社群媒體大量「護妻好帥」的言論，輔以底下網友「要是有人敢開我老婆玩笑，我也會這樣打他」之類的留言，每看一則，就讓我感到十分恐懼：我是真的活在一個，只要表演者不順我意、讓我覺得被冒犯，我就可以上台毆打他的社會嗎？

如果這些人真心認為語言造成的傷害比肢體暴力大，那他們應該支持威爾．史密斯以漂亮的回嗆反擊，而不是用拳頭讓人閉嘴。

究竟是笑話的傷害大，還是拳頭的傷害大？我認為，試圖消滅幽默的任何一種形式，對世界的傷害才是最大的。

用嘲諷 推倒高牆

如果說，最高級的幽默，是能夠因時因地為觀眾設身處地的幽默，那麼在我心中，單以功能層面，其實也有著更高格局的幽默，那就是能推倒高牆的嘲諷。

這裡所說的高牆，是新聞媒體或公眾人物，用握在手裡的話語權堆砌成的巨大障礙，這些障礙，甚至足以阻擋一般人得到自己的話語權，剝奪了一般人表達自己的權利，甚至掩蓋了「我們」的存在。

或許很多人會覺得，既然是一般人，我們簡單地生活就好，為何需要話語權？但這時不妨試著回想，這幾年來有沒有發現社會上某些彷彿難以撼動的觀念跟陋習，以不同於直接暴力的方式，影響了我們的生活？

就我自己而言，能夠立刻想到的，大概是「年輕人不願意吃苦，太愛在網路上抱怨，都是草莓族」，或者「同志不應該結婚，因為聖經告訴我們要一夫一妻，說同志是違反自然秩序的存在，會導致世界的滅亡」……這些聽起來極為荒謬的論調，都真切地在新聞上、社群媒體中不斷轉傳，並且深刻影響了其他人，讓更多人以為這是普世真理，進而相信並加入這些荒謬論調的行列。

這些實際上帶有偏差的言論，之所以能夠得到多數人的認同，是因為在早幾年的臺灣，擁有話語權的在位者，用自己的媒體、通路、平台築起高牆，把那些荒謬的理念拿來大肆散播、變成主流，倘若有人覺得這些說法不對勁，那些質疑與反駁，都可能被話語權的高牆擋住，難以廣傳。

然而在高牆漸漸崩解的時代，現代人已經可以在網路社群上輕鬆地使用簡單的貼文與迷因，駁倒這些荒謬得理所當然的言論，新聞上也經常出現網友對時事的評論，或許是「你們那個年代，吃苦可以賺的錢比我們現在吃苦賺的錢多太多，如果沒有你們一直消耗資源，我們現在的年輕人需要吃苦嗎？」，也可能是「聖經說要一夫一妻，但聖經也要我們採用奴隸制度啊，而且會讓世界滅亡的，都是軍事狂人、暴君跟殺人犯，而這些人都是由異性戀結婚生出來的，難道我們要讓異性戀消失嗎？」

然而，當網路鄉民推倒了高牆，重塑了言論的邊界，能夠掌握網路社群審查機制的背後公司，或者有足夠資金控制言論流向的政商力量，也可能成為另外一座高牆，而且更難對抗。

但我相信，喜劇是推倒高牆的突破口。

利用怒氣與大笑創造沖垮高牆的流量

暢銷書《瘋潮行銷》（Contagious: Why Things Catch On）的作者約拿・博格（Jonah Berger）曾經針對紐約時報的熱門轉寄排行榜，調查人們在網路上會因為什麼原因而轉發文章、增加討論的可能性。

研究結果是，情緒是觸發人們轉發訊息的關鍵——興奮、開心或者生氣的高激發性情緒都會激發人分享或討論的動力，但反過來說，悲傷、滿足、放鬆等低激發性的情緒，就會讓人減少談論跟分享的動力。

簡單來說，只要你的訊息能夠讓人變得憤怒或者捧腹大笑，就能增加被看見的機率。

二〇二〇年初，我在網路上購買魔術道具，遭到詐騙集團詐騙數千元，我在半夜衝到警察局報案，那時的員警一直苦笑著勸我放棄：「黃先生，這種臉書詐騙，抓不到人的啦！你花再多時間備案，最後也只是浪費時間，下次不要再在臉書社團買東西就好了。」

別說連員警都覺得這些騙子抓不到，我的電話甚至還被騙子拿去詐騙其他受害者，騙子用「你們沒收到貨的話，就打這支電話找我」之類的話術，成功詐騙三十餘名受害者，而這些人統統都在發現自己遭到詐騙之後，打電話痛罵我！幸好我運氣不錯，在解釋自己也是受害者之後，大家都願意相信我，並且前往警局備案……但，半年過去，受害者與日俱增，源頭的詐騙犯卻一直流竄網路各大社團，始終逍遙法外。

我一氣之下，把整個被詐騙的過程寫成段子，將「詐騙犯在粉專嗆我嗆到變成頭號粉絲」這樣的荒謬故事，當作那年脫口秀全臺巡演的內容，並在演出後放到自己的 YouTube 頻道，同時附上了自己對防範詐騙的見解跟建議——這個片段，得到了幾十萬的點閱跟分享，也鬧上了新聞版面。

過了兩週，有一位自稱是「臺北市刑事警察局打詐中心」的警員私訊我，說不少有類似經驗的憤慨民眾把這個影片轉發到他們的信箱，因此希望我可以提供相關事證。有了上次的經驗，這回我第一時間就警覺到這肯定是一個騙子，還特地打電話到刑事局求證。

結果，這位打詐中心的警員是真有其人。

我決定不再相信自己的直覺，將判斷詐騙與否的專業交給真正擅長的人，於是，我帶著所有被詐騙過程中的各種對話截圖、匯款資料，正式跟打詐中心報案。

這次，打詐中心的小隊長非常積極，他們意識到這是一個很新穎的詐騙方式，主動聯繫各地報案的受害者，並將受害者的線索連結在一起，兩個月後，這個「沒人相信抓得到的詐騙主謀」成功落網！

如果讓我們用《瘋潮行銷》裡的研究結果來分析這整件事，就可以發現：這一個故事本身，具備讓人憤怒的元素「令人憎恨的詐騙集團」，以及讓人大笑的元素「黃豪平跟騙子的互動」，因此得以成功激發讓人分享與討論的情緒，不僅得到了矚目，最後更得到有能者的注意，達成了原本沒人想像得到的完美結局。

再舉一個例子：二〇〇九年有一個叫大衛的歌手搭乘聯合航空，卻發現自己的昂貴吉他被航空公司的人惡意摔壞，在申訴了九個月之後，航空公司把責任推卸得一乾二淨，拒絕賠償。

於是他寫了一首歌，叫《聯合航空摔壞吉他》，用逗趣的旋律跟荒謬的歌詞控訴聯合航空的惡霸行為，在十天內衝破三百萬人點閱——在這十天內，聯合航空的股價下跌了10%，市值蒸發一億八千萬美元，折合新臺幣超過五十億的損失。

這首歌的影片和我那個詐騙集團的脫口秀段子一樣，能夠同時具備激起人憤怒跟開心的情緒：大鯨魚欺負小蝦米讓人憤怒，而大衛的惡搞歪歌則讓人覺得諷刺得恰到好處。

透過喜劇，學生、年輕人、小市民得到了話語權，得到了矚目，實際對社會造成了影響，讓平凡的個人也有機會推倒高牆。

當然，「高牆」的誕生未必是有心人所為，有時傳統觀念與現代思維的落差，也會造成高牆，隔開不同世代人們的溝通管道，而這種高牆也能透過喜劇的加持，進而被推倒。比方說，博恩的節目《狗屎寫手》，幾乎能讓每一個上過該節目的藝人瞬間翻身，得到高流量跟矚目，例如謝忻被幕後的寫手操弄，大開從前緋聞的玩笑；林采緹也在那個舞台上揶揄自己過去的感情史，更不用提卡米地喜劇俱樂部所舉辦的《火烤呱吉》跟薩泰爾娛樂的《炎上》系列秀，都關係到如何利用喜劇形式，來談論那些群眾覺得不能談的、不該碰觸的禁忌話題，讓原本處於劣勢，被嘲諷的、被揶揄的人形象逆轉，使得那些被各種傳統形式高牆壓迫的想法跟概念，被鋪天蓋地的宣傳開來。

知名的喜劇演員羅素・彼得斯（Russell Peters）說過，喜劇就是把真實說出來，而且說得好笑——真實，是那些想要掌控世界的人，最不希望大家了解的東西，而能夠讓人笑出來的真實，就有傳播的價值。

鍛鍊腦袋，就是鍛鍊笑點

那，我們要怎麼樣把真實變得好笑呢？

我認為，第一步就是先**培養「批判性思維」**。我們應該訓練自己，在看到一則新聞、社會事件的當下，能夠具備評估判斷的能力，而不是別人講什麼，就相信什麼，最基本的，就是具備適度質疑並驗證的能力，這樣才能產生自己獨有的觀念，去衝撞既有媒體捏造的假象。

至於，這個思維能力該如何養成，市面上已經有非常多的書籍跟課程，並不是一篇文章可以概括的——不過，如果真有興趣，不妨參考我的線上課程，應該能讓大家有些收穫（自己的書業配一下不過分吧）。

如果你已經累積起足夠的思考能力，第二步，就是**培養足夠的幽默感**，用嘲諷的技巧強調並誇大你想傳達的觀念。

這個時候，「自嘲」就派上用場了，初學者大可以從這種比較安全的幽默形式開始，先學習如何消化自己身上的負面情緒，停止悲劇所產生的傷害，並且從自身的負面事件中提取一些荒謬之處，用來練習嘲諷的技巧跟幽默感。

第三步，也就是最終目標，是要**結合批判性思維跟獨特的幽默感**，將自己對世界上其他事物的質疑，寫成一段又一段有趣的喜劇，透過現場喜劇的獨特氛圍，或網路無遠弗屆的傳播力，被世界看見。

這就是我堅信的，用喜劇突破高牆，奪回原本應該屬於自己的話語權，改變我們原先以為無法改變的事物。

在這個過程中，碰壁是免不了的。或許會被指責「你怎麼可以拿這種事開玩笑」，或許會遇到看待事情極為認真的人，拒絕理解在冒犯之外，這些喜劇所試圖傳達的想法。

但我絕不否認，有些時候，試圖用喜劇傳達思考的我們自己，也必須深刻地檢討：是不是在創作喜劇的能力上還有待加強，沒有辦法精準地傳達想要諷刺的事物？會不會是因為技術不夠到位，還沒有辦法將創作中的喜劇橋段打磨到無懈可擊，進而讓人不去在意其中的冒犯成分？

我始終相信：沒有不能用的題材，只有不好笑的喜劇演員。

如果觀眾笑不出來，那麼任何想藉由喜劇達到的進一步效果，都完全不可能實現。

身為喜劇演員，我們能做的就是練習、練習、再練習，直到我們的喜劇創作能力足夠優秀，能夠將我們對周遭事物產生的精準觀點，昇華成足以流傳千古的喜劇，到那時，我們的創作就能推倒高牆，喜劇演員就會成為革命的先鋒，只是差別在於，那些革命烈士用的是槍砲，我們用的是笑聲。而笑聲，是世界上最美好的事物。

不要羞恥於孤獨

某年，我的年度脫口秀演出開始售票，有個女性朋友A小姐請我留兩張票，說想帶朋友來看；雖然當時我的票搶購一空——對，我這是在炫耀——但A小姐一直表達「拜託！我真的很想看」，加上她也是我認識多年的朋友，於是我盡力地找到願意出讓的觀眾、排除萬難地幫她弄到了兩張票，邀請她來看。

演出的前一天，A小姐傳來訊息：「抱歉，我朋友沒辦法來，那我這次就先不看了。」

我疑惑地問：「咦？你還是可以自己來看呀，沒關係的。」

「但這樣我就一個人了，我不想一個人看。」她回覆。

A小姐最後並沒有出現在脫口秀現場，由於太臨時，那兩張票的位置一時也找不到能夠遞補的觀眾，最終，我自己承擔了兩張票的損失。

一個人旅行

我想，她應該不是不想看我的表演才找這樣的藉口——應該啦——但我也藉此開始觀察，發現這個時代似乎有不少人懼怕一個人行動，更確切地說，是這個社會氛圍對單獨行動的人總有某種偏見，才導致這樣的懼怕開始蔓延。

某年我去澎湖參加服役時同袍的婚禮，在澎湖的三天都是單獨行動。但當我一個人走進店內挑選黑糖糕，對老闆確認保存期限時，他回問我的句子卻是：「『你們』幾號回去？」彷彿認定我一定是個脫隊行動的旅行團團員，而非單獨前往澎湖的愜意男子。（還是說，當時我身後真的有跟著我看不到的人？）

總之，在我獨自旅行的時候，特別能感受到，團體行動似乎已經成了這個社會的「常理」。

其實，我長期以來一直都習慣一個人旅行，從研究所開始進入演藝圈，隨著收入慢慢增加，只要有空閒時間而且搶到了廉價航空的機票，我就會自己一個人飛到不同的國家，展開為期三天到五天不等的「一人旅」，地點從杳無人煙的鄉村、交通便利的大都市、到人潮洶湧的主題樂園等等，什麼類型都有，也都自己一個人玩得很開心。

反倒是，分享旅行經驗時，很多朋友聽說我經常一個人旅遊，而且還自己去過迪士尼、環球影城這種熱鬧的遊樂園，常常面露驚恐地說：「你也太可憐了！」

老實說，我並不覺得自己可憐。當我自己一個人遊歷這些景點時，我不需要跟任何人討論下一站要去哪、是否應該吃這家餐廳；省去那些浪費在彼此討論裡的時間，我能夠看更多的風景，品嚐更多的美食，走訪更多不在計畫裡的小城或巷弄。

自己一個人行動，只要體力許可，你走再遠都不需要休息，不需要等待走累了的同行友人恢復精神，或是等志不同道不合的友人看完你沒興趣的風景，才能繼續行動——絕大多數的同行旅人，興趣都不太相同，為了找到多人旅行的最大公因數，往往會犧牲各自獨特的小樂趣。

「那就找志趣相投的人一起旅行啊！」一定會有人這樣說。我也相信，世界上必定有志趣相投的旅伴，但這種旅伴好不好找是一回事，能不能跟這種旅伴敲好一起出行的時間，又是另外一回事。我試過跟大學同學規劃長途旅行，但人愈多，能找到共同出遊時間的機率就愈低，我想，大家都有過約個同學會約了半年還敲不定時間的經驗吧。

無論有沒有伴，都要喜歡獨處的自己

若是為了團體行動，而錯過了體驗美好事物的最佳時機，那是最可惜的事情。

叔本華曾說過：「一個人只有在獨處的時候，才能成為真正的自己。如果他不喜歡孤獨，那麼他也不會熱愛自由。」大多時候，我們給自己上的枷鎖，舉凡外型標準、薪資水平，那些各種用來與別人比較然後回過頭來傷害自己的「評斷方式」，都來自於人與人之間來往後的自尋煩惱。若無須與他人相處，就能在不與他人比較的狀態下，真正「做自己」——就像自己一個人待在溫暖的小房間，你想裸體就裸體、想唱歌就唱歌，沒人能用任何世俗的評價阻止你。

我同意有人陪伴的感覺很好，但陪伴應該是「加分項目」，而非「必修科目」。比方說，在遊樂園玩各種設施的時候，如果有人在旁邊一起體驗，可以分享當下的刺激、興奮、開心，讓原先的美好更加成；但一個人體驗時，如果你能享受遊樂設施帶來的趣味本身，那這份趣味不應該會因為沒有伴而被扣分，甚至歸零。

可惜的是，對「愈多人愈快樂」的信仰，隱隱制約了人們的行動，甚至因此認為孤獨會讓美好的本質受損，讓人無法享受孤獨的樂趣，那這種信仰就應該被打破。

這樣的思維也可能漸漸與社會潛規則相互連結，比方說嘲笑單身、揶揄晚婚，結果，信仰愛情的人愈來愈多，懼怕孤獨的人卻很可能根本不知道孤獨有什麼好怕，只是因為大家都怕所以我也害怕——而就連這種從眾的思維，也來自於害怕孤獨。

別小看了這份恐懼可能帶來的負面影響：懼怕孤獨的夫妻，可能會在分隔兩地時尋找能夠慰藉寂寞的第三者；懼怕單身的人，看到身旁的人都有了伴，可能會為了不讓自己看起來形單影隻，而貿然選擇了自己不那麼喜歡的對象；怕被排擠的高中生，可能會為了不被拿著高級手機的同儕排擠，鋌而走險盜取財物……

只要停止害怕孤獨，人生中的煩惱幾乎可以消失一大半——但，要怎麼做呢？

恐懼來自於未知，當我們了解「孤獨是什麼」與「孤獨的美好」，就能打敗對孤獨的恐懼，自「從眾比較好」的枷鎖中解放出來，才能真正做自己，才能「從心所欲不踰矩」。這並不是在鼓吹大家盡量獨自行動，我相信世界上大部分的偉大建築與成就，都是來自於眾志成城，然而，我也堅信這些偉大的背後，那些小小的燎原星火，極可能來自於獨處時的靈感乍現。

有時候，我們甚至不用喜歡一個人，只要能夠一個人，就可以看到更多不一樣的風景。

少跟愛揭穿魔術的人來往

與人交往——不管是擇偶、創業、還是一般交友，如果你問一百個人，可能會得到一百種截然不同的篩選方式，而且每個人針對不同領域又有各自的「多重標準」，但如果你問我，我唯一會給你的建議是：少跟愛揭穿魔術的人來往。

這並不是因為我喜愛魔術，所以對於喜歡揭穿魔術的人深惡痛絕，而是在我歸納自己與身旁朋友的經驗之後，發現「愛揭穿魔術」的行為在各個心理層面都能判斷出一個人的缺陷或不足。

魔術之路的苦與甜

我在替代役服役期間遇上了失戀這個人生大魔王，當時，跟我同辦公室的所有役男，至少有一半都深陷被兵變的愁雲慘霧之中，相對於失戀造成的低落士氣，我們這群人選擇了集體治療的方式：每週至少二到三次，會由各具專長的替代役男帶領大家進行「讀書會」，內容則是各自的專業技能，從吉他、武術、特技到幕後的燈音控，包山包海，什麼都學什麼都教——其中讓我持續到現在的興趣，就是魔術。

我們那一屆的魔術師 Ricky 跟 Wade，都是在國內外魔術比賽得到佳績的優秀表演者，但面對一大群「嗷嗷待哺、期待早日脫單」的替代役男，他們只能對內提供各種撩妹小魔術：並不是那種「我變了一個魔術，我變得更喜歡你」的土味情話，而是不需要太多練習技巧就能有效果的近距離魔術，其中特別受大家歡迎的，是幾個能夠藉此和對方牽小手、摸頭髮的「拉近彼此距離型魔術」。

不過，我有興趣的完全不是那些，我徹底喜歡上了魔術這門表演藝術——喔，應該說是「重燃興趣」。早在國中時期，參加魔術課程學了幾招的同學，就曾在我面前展現了一個令我印象深刻的魔術：

「來，撲克牌有五十二張，知道嗎？」同學阿翰捏著一副撲克牌，望著我的眼神十分堅定。

「知道。」我傻傻地回應。

「現在想像，你從這副牌中，拿出任何一張牌，然後反過來，插回整副撲克牌之中……」阿翰對著空氣比手劃腳，故弄玄虛，「好，現在告訴我，你想像的那張，反過來插進去牌堆的牌是哪一張？」

「黑桃八。」

阿翰露出了詭異的微笑，接著，他從牌盒裡拿出那副點數朝上的撲克牌，在我眼前慢慢地展開——只見在眾多點數朝上的撲克牌中，有一張牌是背面朝上的。

他要我把那張牌抽出來，我半信半疑，但當我翻過那張牌，忍不住尖叫了一聲，因為那張牌正是我在腦海裡反過來並插進牌堆的黑桃八。

過了好多年之後，在替代役公益大使團服役期間，從一起服役的魔術師身上，我才學會了如何變這個魔術；然而，我並沒有因為知道祕密而感到失望，更多的情緒，是對於魔術設計者的衷心佩服，以及急切想要把這個魔術展現給其他朋友的興奮。

於是，在接下來的日子裡，當所有人都把學習魔術的重心，放在「如何撩妹」、「如何摸到女生的手」上頭時，我認真地進入了一條學習魔術的不歸路——我跟著其他魔術師一起加入專業魔術社團、去研習會上課、買票進場看魔術表演、參與一年一度的魔術大會，甚至在退伍後，毅然決然買了機票飛到韓國，參加名為FISM的世界魔術大會，只為了理解更多奇蹟與其背後的手法、祕密。

但為什麼說是「不歸路」呢？事實上，深入了解之後，就會發現除了表演藝術蓬勃的國家以外，在臺灣，學習魔術既燒錢也難賺錢。臺灣許多的職業魔術師多數靠教書維持穩定收入，能上電視節目表演賺通告費的也有限，每年靠商演為生的魔術師更少之又少，以致於大部分的魔術師開發新的道具、教學，能賺的都是自己人的錢，每年在臺灣舉行的魔術大會，能吸引來的觀眾大多都以愛好變魔術的人為主，鮮少有一般對魔術抱有觀賞興趣的觀眾進場。

以我這個業餘愛好者來說，在開始接觸魔術後，花在魔術道具、課程上的金額，應該就超過十萬元了，這還沒計算那些飛到國外參加魔術活動的交通食宿費。而我甚至還不是靠魔術賺錢的職人，就可以想像職業魔術師投入在行銷、設計、技術、人力等上頭，要維持生計是多麼困難的事情。

每次想到這裡，行有餘力之時，就會想盡力幫忙一路走來教我魔術的學長們，所以我不時會協助宣傳大型魔術活動或朋友的演出，甚至把演藝圈的朋友們都拉進愛好魔術的圈子。幾年前開始，每次跟佼哥等朋友吃飯，我都會帶來一點餘興節目，變一兩個認真練習的魔術，不管是讀觀眾的心、把觀眾的東西變不見或是預言他們的選擇等等，不僅佼哥看得嘖嘖稱奇，他自己也會主動跟同桌的朋友提及我在魔術上投入的心力，讓我有機會把我所見證的驚人魔術，帶到許多大明星眼前。

不騙你，小燕姊、楊謹華、郭書瑤、黃健瑋、蔡黃汝等閃閃發亮的大明星，都曾在佼哥的飯局上，被我的魔術表演嚇到嘖嘖稱奇，我猜他們平常看了太多「我變得更喜歡你」之類的偽魔術，能看到真的魔術可能很感動吧。

讓更多人喜歡魔術、想看更多魔術，這是我能在充實興趣之餘，為喜愛的嗜好與以此為生的朋友們所能做到的最大付出。

當然，我的技術不如真正職業的魔術師，雖然我努力地跟其他夥伴學習演技、手法，但有時仍會露出破綻，被觀眾當場拆穿。同樣地，也不是每一個人都像佼哥跟其他藝人朋友如此貼心，知道魔術是一種表演藝術，仍有一些人樂於在眾人面前揭穿魔術祕密，甚至不甘於被「欺騙」，非要問出個所以然來。

請勿扼殺奇蹟

曾有一次，在某個飯局後，變了一個「讓湯匙自己在桌上旋轉」的小魔術做為飯後餘興節目，一個喝了酒的朋友瞪大他那已經喝到發紅的雙眼，不可置信地追問：「這怎麼變的？」

我一如往常地故作神祕。「啊，這是魔術，不能透露祕密的。」

但這句話，在今天不管用。

朋友面紅耳赤，揪住我的衣領，用力地提了起來，我整個身體突然從坐著的狀態被迫站起身，更因為被抓起的衣領勒住頸子讓我喘不過氣，一時間說不出話來，這時他大吼：「你是要命，還是要說？」

「……我說，我說！你放我下來！」我慌張地要他放開我，他這才得意地把我抓到一旁，我一五一十地跟他說出魔術的祕密，只見他愈聽，臉上愈浮現不屑神情，最後知曉全部祕密的他撂下一句：「喔，這個破魔術也沒多屌嘛。」就離開座位去上廁所了。

當然，我也知道，並不是每一個觀眾，都會用如此激烈的方式試圖揭穿魔術。有的人僅僅只是在其他人面前對魔術嗤之以鼻「哼，我知道怎麼變的，你的××裡面有○○吧？我早就看過了！」只要這麼一段解說，就足以讓觀眾稍早前對魔術的讚嘆、內心的驚喜，就此煙消雲散。

損失的，不只是魔術師，還有觀眾。

我覺得，喜歡揭穿魔術的人是危險的——不只是真的動手動腳的那種危險——做為一個觀眾，這樣的人並不夠尊重表演者（特別是當表演者是朋友的時候，這樣的行為更是不給朋友台階下）。當眾揭穿的行為，其實骨子裡隱隱透露出一個訊息：「我比台上的人更聰明，我才不會被騙！」為了傳達出自己的「聰明」，他決定揭穿，證明自己高人一等，不僅是觀眾中唯一看破真相的人，也證明自己比魔術師技高一籌。

這樣的人，顯然不太懂得欣賞別人，也不樂於看著別人受到矚目，這種人在其他的場合也可能試圖將焦點都放在自己身上；據我觀察，喜歡揭穿魔術的人，在日常行為一般都不具備謙卑的特質，跟他們在同一個團隊共事，極有可能會看到所有的功勞都被他攬在身上，或者對於其他夥伴的付出不屑一顧，因為他們必須是「最厲害的」，他們這樣相信著，也必須如此營造形象。

不過，我完全可以理解揭穿魔術帶來的成就感：有次在綜藝節目上，看見熟識的魔術師，將洗亂的牌神奇地分成四副整整齊齊的一條龍，讓眾人驚呼連連；我雖知道祕密，卻也非常驚喜，因為，像我這樣的業餘愛好者，如果知道祕密，那麼在當下看的就不是祕密本身，而是演繹的方式跟串接每一個橋段的流暢技術，那是對同好來說觀賞的一大重點——但回到後台，與我有私下交情的藝人好奇地問我：「欸豪平，你不是有在學魔術？你知道這是怎麼變的嗎？」

「不知道耶！我也覺得很神奇。」我當然說謊了，因為那個魔術，我們有一群同好甚至開過讀書會下功夫研究。

其他藝人們雖然失望，卻更為熱情地積極討論著剛剛魔術師的精湛手法。

「他就在我面前！牌都沒動過！」

「對啊，我抽了牌之後就藏在手裡面，可是他卻知道我抽了什麼牌！」

「太可怕了，我剛剛起雞皮疙瘩！」

我雖然沒有參與討論，但在一旁也非常開心，我知道，著迷於那個未知祕密的他們，將會帶著這份驚喜，將今天的所見深深烙印在記憶深處。

如果在他們面前說出魔術的祕密，當然，可能會成為全場的偶像，會展現出「那個沒什麼啦」的氣勢，但相對地也扼殺了這個表演在觀眾心裡產生的魔法——在那之後，他們對這個表演，將不再印象深刻，甚至會將祕密傳播給其他一度也為此驚訝的觀眾，於是，這個魔術能產生的奇蹟，就這樣在你的手裡消亡了。

我喜愛魔術，但更喜愛看到因為魔術而在臉上露出驚喜表情的那一瞬間，為此，我從不透露魔術祕密，也不會去要求表演者告訴我是怎麼做的，因為這個行為也會帶走在心裡發生的奇蹟——對人謙卑、對不了解的事物謙卑，我相信這樣的心態，是許多偉大發現的關鍵要素，畢竟，如果你認為所有在你眼前發生的事物都「沒什麼」，怎麼可能會對它們產生興趣？

能克制住「展現自己高人一等」這種衝動的人，也許在某些層面，才能真正成就更高等的奇蹟。

有趣的是，當我跟魔術師朋友們分享這個論點，他們有的人卻說：「真正厲害的魔術，即便被揭穿了祕密，表演本身的樂趣也是不會被剝奪的，所以表演者本身應該要專注的，是如何讓觀眾不會在意祕密，而能享受在表演當中。」

與人交往是一回事，但在魔術表演這條路上，看來我還有得學啊，謝謝學長們。

我不是GAY，但是又怎樣？

「欸，黃豪平放屁是『呼』這樣的，哈哈哈！」

「黃豪平你不要看我換衣服，我很怕你起反應啦。」

「黃豪平，你就快出櫃啊，不要再騙大家了。」

諸如此類的「同志笑話」，從我出道以來，到已經交了兩任女友的現在，可說是沒有停過，開玩笑的地點從私下到公開、從同學會到鏡頭前，哪裡都有。或許是因為我的外型、也可能是因為我的聲線，總之，這樣的「認定」基本已經圍繞著我將近十年的時間。

為什麼這樣笑可以，那樣笑不行

一開始我想，畢竟是自己因為音調較高的原因，而選擇模仿一些氣質比較陰柔的藝人，那麼，會被這樣認定，好像也不能怪別人……但有一天，我上了某個節目，跟一群同樣中性氣質的男生，一起被品頭論足、開盡玩笑後，有部分的輿論認為我們「忍受別人恥笑自己的陰柔氣質，也是霸凌的共犯」，後來我才真正開始思考：到底我們拿自己的性向做為素材來開玩笑，是對還是錯？

我們不反抗，會有人覺得：「你們怎麼能讓『身為同志』變成一種可以被嘲笑的事？」

我們反抗，也會有人認為：「如果你們覺得被當成同志是不好的，那你們才是真正歧視。」

無論怎麼做，似乎都總有落人口舌之處。

因此，我後來好好地把這回事從裡到外想了一遍，這才搞清楚：我不喜歡被開性向玩笑，是因為我認為絕大多數的這類型玩笑，建築在「身為同志就是件好笑的事」這樣的前提之上，而我並不樂見有人將「同志」做為一種嘲笑他人陰柔氣質的標籤；但我認為，在不同性向的人相處的過程中，一定會產生某些思考路線與生活方式相衝突的笑料，那這些笑料，自然可以當成笑話的素材。

羅素．彼得斯（Russell Peters）將自己身為印度人跟各國文化衝突的家族趣事，寫成了全網瘋傳、流量破億的段子，但他不是單純的說「你是×國人，所以我要笑這件事情」，而是表達「你是×國人，你跟我有一些不一樣的地方，這些不一樣的地方導致了好玩的事情發生，所以我要笑這件好玩的事情」，後者專注在「挖掘觀點衝突的笑料」，而不單單只是歧視。

將「同志」這個標籤做為取笑某個人陰柔氣質的武器，這才是應該被譴責的。

所以，如果我真的因為被開性向玩笑，而表達不滿，我都會試圖這樣說：「我不喜歡的，是你覺得『身為同志是一件很好笑的事』，我沒有討厭同志，我討厭的是拿同志標籤來嘲笑人的這個行為。」

不過，表達這件事情本身並不容易，因為不是每個人都能跟你一樣有同理心，當你提出來之後，有時會有人說你「開不起玩笑」。

你可以笑，我不會回

從以前到現在，我從不認為有誰可以對別人說「開不起玩笑」，因為沒有人可以在沒經歷過他人生命歷程的狀態下，去論斷一個人對玩笑的忍受界線是否合理；但，如果被開玩笑者的目標是停止玩笑，那怎麼做會比較能夠達成目標呢？

我現在的做法是：冷處理。

小時候看到小男生彈女生肩帶，不外乎是為了一個理由：想看到對方氣急敗壞的反應，因為很好玩；如果有人開你性向的玩笑，你每次的反應都很激烈、很荒謬，那為了看到這個反應，大家就會一直開這個玩笑，因為「你的反應很好笑」。

所以，如果現在有人在節目上說我是gay，等著看我的反應時，我只會說「我不是gay，但未來會不會是，我不知道，就算是也沒關係。」我不會生氣地否認，也不會開心的接受，我會態度自然地認真回應這些嘲笑，久而久之，這些開玩笑的人知道這樣開你玩笑並不會有什麼「好玩的反應」出現的時候，他們自然就會自討沒趣，放棄這個笑話。

當然，也不是每個人都讀得懂空氣，也是有人會一而再、再而三地去開同樣的玩笑，這種人我也沒少遇過，我的做法通常就是無視，因為**這世界上就是會有完全不顧別人心情的人存在**，雖然無法改變對方，但至少可以改變自己，甚至從社會觀感的邊邊角角，逐漸改變這個世界——這，就是我現在正在做的事情。

我希望讓大家知道，**用同志標籤去開一個人玩笑並不是多高明的笑話**。所以，就連我自己的創作，都已經減少這方面的笑話。我期待，用自己的行動多影響一點點，就算只是多讓一個曾被開過類似玩笑而不開心的人，少一點情緒上的負擔，那都是好的。

好啦，有些人看到這裡，應該還是很想了解，所以「黃豪平你到底是不是 gay？」

我的回答跟前面一模一樣：「我不是 gay，但未來會不會是，我不知道，就算是也沒關係。」

在光譜的每一個位置上都坦然自在

我始終相信性向是個光譜，一個人在某些時期也許喜歡男生，某些時期喜歡女生；某些時期欣賞異性，某些時期會對同性傾慕。小時候，我也曾崇拜過電視上帥氣的男偶像，長大後也會在 I G 上追蹤我欣賞的女孩帳號——重點是，你是否知道現在的自己喜歡什麼？而不管知道或不知道，你有沒有辦法在這個探索的旅程中自在地生活著？

蔡康永在某集《奇葩說》上曾有一段動人的論述，大意是「曾有一個男星問我要不要出櫃，我勸他不要，因為出櫃太辛苦了，我不希望你經歷這一切。」雖然這是康永哥依照分配到的持方所說出來的話，但我相信他當時的淚水以及數萬人的感動，全都是真的。

確實，探索與疑惑的過程，都會讓自己很痛苦，且大部分的痛苦來自「如果我是這種性向不是那種怎麼辦？別人會怎麼看我？」

曾經有一個空少朋友，在吃飯時跟我述說自己與德國機長談戀愛、結婚，從被爸媽否定到全盤接受的過程：

「……我當初把男朋友帶回家吃年夜飯的時候，我爸媽氣炸了，整頓飯一聲不吭，第一年我們自顧自地過了，第二年，我又把男友帶回家，這次我爸媽態度有軟化一點，開始會打招呼……那一年初二，姐姐帶著老公回娘家，結果兩人在娘家大吵架，差點鬧到要離婚，爸爸在餐桌上用力拍了一下，大罵：

『你們兩個，跟弟弟多學一點！人家感情多好！』

我笑了，我不知道什麼時候爸媽接受我的，但我想是我們過得真的很開心，爸媽感覺得到吧——他們要的，只是不希望我辛苦。」

那些真正在乎我們的親人朋友，只要看到我們過得開心，就會自然地鬆動成見並祝福的；但人生在世，總有那些無法接受他人真實面貌的人，那麼，我的建議是：這種人能離多遠就多遠。討他們歡心並沒有用，我們應該做的，是把目光聚焦在珍惜自己的人事物身上。

我們無法決定別人要怎麼看待自己，但我們可以控制自己多愛一點那些愛你的人，正如我決定對那些嘲笑我的人，少給一點愛。

如果有個這樣的「你」正經歷著這一切，並讀到這段文字，我想要對你說：這個世界正朝著讓各種人都能自在生活的目標前進著，雖然速度可能不夠快，但相較於十年、二十年前，LGBTQ+族群所承受的傷害與汙名，應該已經輕微很多。我也相信在未來，這個世界會更能夠允許各種模樣的人勇敢成為自己。

我希望這樣的朋友能抱持著這份信仰，盡可能地自在生活著，我雖然無法保證這段世界改變的過程有任何時間表，只是，我相信包括我自己在內，有很多很多人都在自己的能力範圍內去影響這個世界，也許比我們想像更多，那麼，這個時間表也會走得比我們想像更快一些。

我希望有一天，每個人為了創作開性向的玩笑時，是真的基於「因為差異，所以有趣」，而不是「因為你是，所以有趣」——我不是gay，但是的話，又怎樣？

只要開心，是與不是，干你屁事。

為你的偶像積積陰德

二〇二二年中，我受邀演出人生第一部音樂劇《今晚，我想來點》，這對我來說是個巨大的挑戰，即使在不久前曾經挑戰過歌舞性質的演出（在《HA HA LAND》個人脫口秀專場開頭唱跳十分鐘後，緊接著繼續講六十分鐘脫口秀，真的是一個很吃力的挑戰）。但接到這樣的演出邀請，要跟一群資深的演員共同演出音樂劇，仍然讓我緊張不已。

除了我以外，這個劇組裡的其他三個演員都相當優秀：像是劇場小王子宮能安、高雄美聲女伶詹喆君和（自稱）亞洲表演教科書的鳥屎蘇志翔，他們在劇場已經是有著大量的粉絲支持的專業演員，而我則因為是第一次參與音樂劇，所以每次在觀眾合照環節，都可以清楚感受到，大部分觀眾都是意外發現我原來也在劇組中而感到驚喜，一開始並非為我而來。

對於「大家並非為我而來」的這回事，我不僅一點意見都沒有，而且樂於嘗試這類型的挑戰。我常常認為，讓不認識我的人了解到我能做到什麼，那就叫做陌生開發，如果我表現得好，他們會被我圈粉，如果我表現不好……反正他們本來就不認識我。

但在某一場演出後，導演高天恒走進後台，碎念著：「剛才控台前面有一個觀眾，感覺應該是黃豪平的粉絲。」

「啊？真的假的？怎麼會知道是我的粉絲？」我問，但心裡暗叫不妙。

「……整場演出，只要豪平不在場上，她不是滑手機就是翻節目冊，但只要有豪平上場，她就會放下手上的東西，目不轉睛的盯著看。」

大家笑著說，好在這個粉絲坐在觀眾席最後一排，所以手機的螢幕亮度都沒有妨礙到旁邊觀眾看戲，但其實我覺得這行為非常不好。

粉絲行為，偶像買單

劇場界，有一個叫做「黑特劇場」的匿名抱怨粉專，我不止一次看到過有人抱怨「那些衝著某某偶像來的粉絲真沒水準，把劇場當粉絲見面會！」然後底下的留言就會跟著討論，說那些追星族根本就對劇場沒有興趣，還硬要來，都在幫自己的偶像造孽……

看著這些抱怨，我心裡也多少有點感慨。

不知道是誰，曾在多年前說過這句非常有道理的話：「粉絲行為，偶像買單。」

這一句話，不只是在檢討粉絲而已。我認為，喜歡一個人並為他做出許多瘋狂的行為，其實是很自然的事，而且對於被喜歡的人來說確實是種幸福。但包括我在內，每一個做為「偶像」存在的藝人、歌手、KOL，都應該理解一件事：當我們不教育自己的粉絲，有些粉絲就可能會在我們不知道的地方，以我們之名，行不義之事。

這件事情不僅僅只是存在於藝能界，舉凡政治人物、宗教信仰、媒體節目，都需要經營黨員、信徒、觀眾或聽眾，這些都是「粉絲」的一種。仔細想想，社會上不乏對於這些「粉絲」的批評，諸如「×粉好討厭」、「別惹上××教徒，他們很不理性」，事實上這些厭惡並不只是針對特定粉絲，更可能投射到那些粉絲們所崇敬仰慕的對象上。

其實每一個群體，都很難避免不理性粉絲的存在，但，這些為數不多的「不理性粉絲」往往因為抱有極端情緒，導致他們的聲量特別大，使得這些少數粉絲反而被視為整個粉絲群體的主體構成，甚至與負面意涵劃上等號。

而這個時候，對於被崇拜的偶像來說，就會造成「無法擴張粉絲群眾」的致命傷。

認真推敲起來，這也是很自然的事。如果一個非粉絲，在認識某位偶像之前，先認識了這名偶像的粉絲群，卻發現這些粉絲就是一大群沒有禮貌、行為粗魯的小屁孩，任誰都不會想要成為這群屁孩裡的一員。

這也意味著，厭惡這群屁孩的人不會喜歡這個偶像，至少不會公開表示自己是他的粉絲，因為「做為這個偶像的粉絲很丟臉」。

——對於偶像來說，等於是這些粉絲斷送了他擴張粉絲族群的機會。

愛他，就為他積積陰德

歌手黃奕儒剛出道時，他所屬的唱片公司為他舉辦了一系列巡迴演唱會，並委託我擔任每一場的主持人；在這一連串的訪問中，我跟他從不熟到熟，從完全沒有瓜葛到開玩笑地組成「雙黃線」這個戲謔的組合，在合作幾場活動之後，他的粉絲甚至也開始為我準備禮物、卡片，並有禮地謝謝我這段時間的大力協助。

在我心中，自然為他們大大加分，在每次工作介紹到黃奕儒時，也會更賣力地推薦宣傳。

這也讓我想起，從前曾有過幾次機會，在不同劇組客串拍攝，當時就曾觀察到，某些大明星的粉絲會自發性組成後援會，並在這些明星工作時送上餐車、飲料、水果，提供給所有一起工作的劇組人員，有時也會附上卡片寫著「謝謝你們照顧×××」為他們所喜愛的偶像做足面子——別誤會，我並不是在鼓勵粉絲們應該為偶像破費，重點在於那份「對偶像合作夥伴的感謝」，讓即使不熟悉這名偶像的人，都會對這名偶像與他的粉絲們給予正面的評價。

相反地，有些瘋狂粉絲，無論在任何活動場合，只要看到自己喜歡的偶像歌手結束演出，就匆匆離場、絲毫不給接下來的表演者支持與鼓勵。這些粉絲行為每每都會讓我在心中默默地惋惜：「○○○啊，你的下一個表演者，心裡面不知道累積了多少對你的怨恨。」

我也曾聽過一名資深的前輩私下提及圈中另一位經常被拿來和她比較的女演員，演藝圈中只要外型或路線類似，這些事原本也不算稀奇，問題在於，另一位女演員的粉絲常會跑去這位前輩的社群媒體引戰，攻擊她和她的粉絲，但另一位女演員從來就對這些事視而不見，半句話都沒有說過。

這麼一來，很遺憾地，即使攻擊行為是粉絲做出來的，但這位前輩與她的粉絲，也很難對另一位女演員有什麼好感。

帶粉絲一同成長，是偶像的責任

當我有了這些親身經驗，聽說了這些私下流傳的耳語，便更謹慎地面對「粉絲行為，偶像買單」這句話背後的意義。我想我和藝能圈裡的好友們，都期待喜歡我們的粉絲朋友，也能喜歡跟我們一起工作的人們，並善待那些還不喜歡我們的人，這樣的正向舉動，對我們來說，絕對也是莫大的支持——因為人生還很長啊，那些一時被粉絲們視為敵人的競爭者，在未來的某刻，說不定就掌握了偶像的生殺大權。

而對於那些有志於成為「偶像」的人來說，適時地教育粉絲，則是絕不能忽略的一環。做為偶像，有義務讓粉絲知道哪些「對非我族類的不理性行為」會讓自己困擾，無論是「看到偶像離開就直接離席」、「不是偶像出現就低頭滑手機」、「對其他偶像的粉絲出言不遜」……諸如此類幫偶像造孽的行為，到頭來，都是報應在偶像身上。

而我也想再次強調，這裡說的偶像，包括但不限於娛樂圈、宗教、政治等任何一個需要大量追隨者的領域。

我相信，放任極端情緒流竄，一定能吸引某些瘋狂的粉絲追隨，但那樣的粉絲，也可能做出更具破壞性的行為。或許有些偶像也擁有著極端的性格，認為自己承擔得起這些粉絲為自己造孽的風險，於是選擇視而不見、放任不管，但也許，只是也許，也許將來有這麼一次，粉絲累積的不理性行為將推動命運的巨輪，啟動沒有誰承受得起的蝴蝶效應。

當然，我也明白，很多時候，不是偶像怎麼說，粉絲就會怎麼做。但我認為，即便無法改變所有粉絲的行為，只要願意對粉絲公開喊話，就是對外的一種宣示。

當一個偶像明白宣告「我並不認同這些行為，我也做出了表示，但他們若還是依然故我而對大家造成困擾，那麼我很抱歉。」在外界看來，至少算是個負責的「偶像」。我當然並不喜歡做表面工夫的人，但無論是否真心，願意做這樣的表面工夫，至少都還算是聰明。

什麼都不做，就要為「無為」付出代價。

抱持著這樣的信念，我在娛樂圈闖蕩了幾年。某天，跟我一起演出的演員們收到了來自我粉絲的謝卡，裡面寫著密密麻麻對他們的感謝，和對他們表演的肯定……我從未要求這件事情，但也許是我對工作夥伴的感謝，也感染了我的粉絲。看見和我一起演出的演員們收到卡片時的感動，我也為自己擁有這麼棒的粉絲而感到驕傲。

我期許，喜歡我的人都能以「喜歡黃豪平」為榮，讓「喜歡黃豪平」成為一件能夠誇耀的事情——所以拜託了，那位演出時狂滑手機的孩子，以後還是幫我積點陰德吧。

向夢想說不

「……如果我們能知道，實現夢想有多困難，那麼在我們好不容易有點成就時，請記住要回過頭來，陪著那些還在努力的人，因為只有你知道這條路有多辛苦，這樣一來，即便我們不一定能都實現自己的夢，但至少，我們還有彼此。

謝謝大家，我是黃豪平。」

那天，我在某校進行演講，以我一貫的謝幕方式說出最後一句台詞，隨之而來的是熟悉的掌聲，以及觀眾問答時間。

「豪平老師，你覺得你有一天會主持到金鐘獎嗎？」有同學舉手提問。

「這個嘛……」我有些無奈地回應。「我期待，但不抱希望。」

主持三金典禮（金鐘、金馬、金曲）一直是我的夢想之一。不僅僅是紅毯，是真實地踏上典禮舞台，以典禮主持人的身分活躍一夜……但不對這件事抱太大期望，也是來自於我對現實的認清。

二〇二一年我的生日，經紀人永璇傳來一個祝福訊息：「一直在你身邊，就不說加油了，因為一直以來你都很努力，我知道你都可以做得很好。」傳統媒體出身的她，見證我在一般藝人不會嘗試的 YouTube、Podcast、劇場、脫口秀……等特殊舞台上的各種突破，身為藝人堅強後盾的她，對我的足夠信任與協助，也讓我在這段時間可以無後顧之憂地做好自己的工作——不過，多年的奮鬥下來，我仍然希望能夠讓她看見，信任的工作夥伴終於成長到能成為典禮主持人的那天。

到現在仍無緣典禮主持一職的我，雖然常開玩笑說：「我前面還有很多前輩沒主持到，排不到我啦！」但其實，在我們前面排隊的人，並不僅僅只是前輩們而已。

在我第三次接下金鐘獎星光紅毯主持工作時，由視網膜擔任典禮主持的消息也隨之傳出，引起許多討論：邀請網紅擔任三金典禮主持是否適合？為什麼不給電視圈新生代磨練的機會，而是給了在網路走紅的創作者……

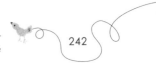

我當然對視網膜完全沒有怨言，我、蔡尚樺跟視網膜在該屆金鐘結束之後也成了好友，後來還成立了一個群組「房貸少年團」，一起交流買房的心得；但，做為一個對未來有企圖心的藝人，我仍不免警覺，自己是否有可能正是新舊媒體交接之際、危機存亡的一代？

非典型主持人的光芒之下，我在哪裡？

這種擔憂，其實並不是自己嚇自己的空穴來風。細數近年三金典禮，在眾多大咖前輩紛紛輪過幾次主持後，金曲獎開始讓歌手跨足主持行列，金馬獎也嘗試讓演員主持典禮，歌手與演員本就擁有豐富的舞台表演經驗，經過一番訓練，也都能鎮住典禮主持一職，我們也確實看見了謝盈萱、林柏宏、蕭敬騰……等非口語表達專業出身的主持，都得到媒體跟網路一致的讚聲。

除了媒體圈每年重要的頒獎盛事，愈來愈多的節目也都邀請非綜藝圈裡的「意想不到的人物」擔任主持，不僅是歌手、演員，甚至近年在社群媒體活躍的「網紅」也都成為電視台爭相邀請的人選。在節目中，這些「非典型主持人」打破大家對他們既有形象的刻板理解，也展現了不同於以往電視節目來賓、主持的氣質——於是，握有「演出機會決定權」的高層，發現了這片新大陸，前所未有的演藝圈新樣貌，於焉而生。

但，按照傳統方式磨練出來的、等待世代交接的新生代藝人們，就這樣成為了媒體環境轉型下被遺忘的一群。

「如果你這麼容易被取代，那你所擁有的也許沒這麼值得誇耀。」新人輩出的日子裡，我是這樣告訴自己的。

也許我們安逸太久，誤以為只要做好自己分內的事情，機運就會輪到我們身上，但大環境的變化太快，讓許多來不及跟上的人被遠遠地拋在腦後——甚至，我也很清楚地知道，即使各大典禮的主持陣容漸漸改變，但我能在單口喜劇、Podcast 這些新興的領域中得到肯定，在這媒體更迭的風起雲湧之中，占到一席之地，已經是幸運的了。

即使如此，我還是非常非常熱愛握著麥克風、掌握大局帶給大家一場美好活動的，做為主持人的自己。

雞湯金句的使用攻略

抱有「夢想」的我，卻無法清楚看見「夢想」實現的確切時刻——相信這對任何懷抱期望的人來說，長期這樣的折磨都可能讓心智逐漸出現裂痕、開始懷疑自己。但我很慶幸，長久以來自我訓練的批判性思維，在這樣的生活裡產生了決定性的幫助。

我問自己：「你覺得，有多少人能實現自己的夢想？」

朋友曾分享一份雜誌的研究給我，研究中的統計指出「能實現自己兒時夢想的人，僅占全世界人口的8%」。若研究屬實，它似乎對於我們這種還在掙扎的人來說是種慰藉：夢想之所以為夢想，就是因為它難以實現，而「追求夢想失敗」根本就是個常態。

如果將「實現夢想」當作評斷一個人是否成功的標準，那按照上面的數據來說，九成以上的人都將以「失敗者」的身分結束一生，這聽起來未免也太悲慘了！但，要是悲觀地認為「夢想本來就不可能實現，所以不需要有夢想」，似乎做為一個人來說，也是太過負面的思考模式。

這或許就是我所要釐清的問題——我要怎麼樣在這條路上有動力向前、卻也不至於因為夢想無法實現而挫敗呢？

目前，我給自己的答案是：**不要想著實現夢想，要把夢想當成引領你的方向，在這個方向上訂定具體可實現的目標**。

雖然連我自己寫完這行字，都覺得這看起來的確很像什麼心靈雞湯書籍裡那種不痛不癢的金句，就是會用整頁版面和華麗框線特別設計，但看完就跟沒看一樣的那種。不過，如果這樣的方針，落在實際而確切的願景上頭，其實還真的有相當高的可行性。

如果拿我的夢想「成為三金典禮主持人」做為主軸來落實這個思維的話，我就必須把主持三金當成「方向」，在這個方向上，我得訂定一個幫助我往這個方向前進，並能夠實現的目標，很顯然地，我的目標應該是「成為一個優秀的主持人」。

成為優秀的主持人是我這個方向上的長期目標，為了實現這個長期目標，我必須將它切分成數個小型、但更便於逐步達成的短期目標，例如：「磨練口條」、「加強臨場反應」、「訓練台風」等，這些需求都相當具體，我也知道該如何透過訓練精進這些技能，是很適合整體方向的短期目標。

在過去的這段日子裡，我試圖逐一達成每一個短期目標，然後藉由這些成就感，推著我漸漸接近「成為優秀主持人」的長期目標——嚴格來說，當我檢視自己將近十年前剛入行的影片，肉眼可見的進步讓我確定，自己正逐漸成為比過去更優秀的主持人。

一旦這麼「解剖」夢想，我們就不難發現，「進步」才是真正該追尋的目標。

為了不讓自己只是遙望著夢想嘆息，我利用短期目標堆疊，來達成長期目標，持續在具體的方向上進步。很快地，我發現專注於眼前那些可以做得到的進步，才能擺脫對夢想的執著，用一個一個小小的成功，成為自己定義中的「成功人士」。這樣一來，就算只比昨天更進步一點，都是往夢想靠近了一步。

我知道，在現今的時勢下，自己很有可能永遠不會成為三金典禮的主持人，但在這樣的方向下，我知道自己會變得愈來愈優秀，而這份優秀，讓我更能開心、堅定地往前，這就像減重的朋友需要明確看到自己體重減少，才有更努力運動的正向動力一樣，是很簡單的人性。

我是認清自己原先的努力方向太過虛無縹緲，才開始決定要如何重新設定有機會達成的目標，以及理解前方的路要怎麼走。

如果追求夢想讓你不開心，你不是調整它，就是調整自己追求的方式——不要的人最大，不執著實現它，就不會被它綁架。

「你不是失敗者，你只是被別人對成功的定義逼上了盡頭。」我這樣告訴自己，也偶爾在挫折時這樣提醒自己，這幾年的對外演講中，我也不斷地重申著這樣的論點。

有一回我收到來自某個廠商的合作邀請，信裡面罕見地提到了老闆自己的內心話：「幾年前聽了你來我家鄉的社區演講，給了我很大的幫助，我讓『正在進步』的正向觀念推動著自己，最後我終於得以經營自己的品牌，謝謝你，我會持續在這條路上努力著。」

這樣的信念，在我受到打擊的時候，都會以不同形式回到我的身邊、提醒著我。

沒錯，我是黃豪平，我是單口喜劇演員、是《不正常愛情研究中心》Podcast的主持人，也是演員、講者、作家……在每一個身分中的持續精進，都讓我得以變得比前一秒更好。

也許有時，我們會暫時遺忘自己的信念，讓負面的情緒溜進來，但沒關係，我們總要適時允許自己休息一會，就連身為喜劇演員，我也不會時刻都笑著，但因為經歷過那些負面，我才更珍惜每次沐浴在成就感中開心向前的感覺。

就像我說的：即便我們不一定能都實現自己的夢，但至少……我們都有機會變得更好。

後記

這不是一本喜劇教學書，但這是一本喜劇演員如何看世界的書。

寫下這篇後記的時候，一個喜劇演員後輩剛好在臉書塗鴉牆上發布消息，說自己因為在這條路上沒有顯著的進展，決定跟搭檔拆夥、暫時離開喜劇；我沒有勸他堅持，而是告訴他，也許終於能夠發現自己扛不住某些責任、做不到某些事情，這種洞察也是一種成長——甚至，有勇氣放棄更是成長。

有人可能會期待我用段子、笑話去開導別人……不，那是逃避，認真面對自己跟這個世界之間存在的衝突，那才是喜劇金礦源源不絕的祕密。

我不知道多少人買了這本書會感到失望，以為裡面會充斥各種慧黠的小笑話，但這本書裡的每字每句，比起笑話，是讓我更想傳達給世界的想法。

我想透過這本書告訴你：你不孤獨。那些負面思考、那些心中小惡魔的詭異耳語，對每一個看似樂觀的喜劇演員來說，都不陌生，光是知道這一點，讓你覺得「原來我不是一個人」就能有效地療癒一部分的你。

而剩下的部分，我希望你嚴肅面對——我希望你不是強顏歡笑，勉強自己笑著面對，而是認真地哭過、氣過、思考過，然後在自己心神碎成一片片的廢墟中，找到一點點你可能會笑出來的荒謬，再讓那份荒謬有幸成為往後笑談的素材。

做個嚴肅的小丑，認真指出世界的荒謬，別被這個世界給磨得毫無稜角。

不只是喜劇演員，我的另外一個身分是貓奴。這裡有我從隻身一人，到雙貓家庭的小故事，就當做是感謝你看到最後一頁的彩蛋吧 ▼▼▼

散冊 SBK003A

不只是喜劇演員：黃豪平的踏槓生存學

作者｜黃豪平
責任編輯｜劉芷妤、楊逸竹
行銷企劃｜林靈姝、莊珺婕
文字校對｜魏秋綢
內頁設計＆排版｜連紫吟、曹任華
封面設計＆插畫｜ Bianco Tsai
封面攝影｜日日寫真　賴永祥

出版者｜內容變現股份有限公司
創辦人｜謝富晟
地址｜台北市 104 龍江路 8 號
電話｜ (02)8772-7900　傳真｜ (02)8772-7907
網址｜ www.sandsbook.com
客服信箱｜ service@sandshour.com

法律顧問｜貴智法律事務所　楊貴智律師
製版印刷｜中原造像股份有限公司
總經銷｜大和書報圖書股份有限公司　電話｜ (02)8990-2588

出版日期｜ 2023 年 5 月第一版第一次發行
　　　　　 2024 年 7 月第一版第二次發行

定價｜ 400 元
書號｜ SBK003A
ISBN ｜ 978-626-969-625-3（平裝）

sandsbook 散冊

不只是喜劇演員：黃豪平的踏槓生存學／黃豪平著
-- 第一版 -- 臺北市：內容變現股份有限公司，2023.05
256面；14.8×21公分 --
ISBN　978-626-969-625-3（平裝）

1. 人生哲學　2.自我實現

191.9　　112005120

sandsbook

散冊